I0005434

Las Redes Sociales

Alicia Durango

ISBN: 978-1496193872

TABLA DE CONTENIDOS

Notas del Autor

Esta publicación está destinada a proporcionar el material útil e informativo. Esta publicación no tiene la intención de conseguir que usted sea un maestro de las bases de datos, sino que consiga obtener un amplio conocimiento general de las bases de datos para que cuando tenga que tratar con estas, usted ya pueda conocer los conceptos y el funcionamiento de las mismas. No me hago responsable de los daños que puedan ocasionar el mal uso del código fuente y de la información que se muestra en este libro, siendo el único objetivo de este, la información y el estudio de las bases de datos en el ámbito informático. Antes de realizar ninguna prueba en un entorno real o de producción, realice las pertinentes pruebas en un entorno Beta o de prueba.

El autor y editor niegan específicamente toda responsabilidad por cualquier responsabilidad, pérdida, o riesgo, personal o de otra manera, en que se incurre como consecuencia, directa o indirectamente, del uso o aplicación de cualesquiera contenidos de este libro.

Todas y todos los nombres de productos mencionados en este libro son marcas comerciales de sus respectivos propietarios. Ninguno de estos propietarios ha patrocinado el presente libro.

Procure leer siempre toda la documentación proporcionada por los fabricantes de software usar sus propios códigos fuente. El autor y el editor no se hacen responsables de las reclamaciones realizadas por los fabricantes.

La Influencia de las Redes Sociales en las Rutinas de la Sociedad

Es inminente el crecimiento de las redes sociales en la era digital; son los medios de comunicación más utilizados por las personas para mantener relaciones las unas con las otras, además de ser utilizadas para entretenimiento propio. Las primeras herramientas creadas fueron los "Email lists" y "Bulletin Board Systems (BBS)" que surgieron en la década de 1970. A lo largo de los años fueron surgiendo nuevas redes sociales, con diferentes interfaces y características. Podemos citar la gran evolución que hubo desde las primeras redes creadas hasta las que son más usadas recientemente, como por ejemplo, el caso de Facebook. En las primeras redes sociales se producía sólo el intercambio de mensajes entre los usuarios y en las actuales existe la exposición de perfiles con información personal, fotos, además de formas de comunicación mucho más exhaustivas.

Pero existen algunas dudas relacionadas con ellas. ¿Hasta cuando van a continuar creciendo a un ritmo tan rápido? ¿Cual es su influencia en la vida personal? ¿Alguien va a crear otra red social con tanto éxito como Facebook? ¿Hasta donde llegará el éxito de esos tipos de webs?

Internet viene consolidándose cada vez más como una de las principales tecnologías existentes. Este crecimiento rápido se debe en gran medida a las empresas proveedoras de banda ancha. Las personas están cada vez más conectadas a ella, pues muchas trabajan, se actualizan (lectura de noticias) y se comunican (webs sociales o de relaciones) a través de ella. Las empresas y el avance tecnológico existente hacen que se vea fortalecida cada vez más esa relación entre las personas e Internet.

Según Afonso, en las últimas décadas han surgido nuevas formas de comunicación social, de ocio y de entretenimiento donde la participación de personas del mundo entero da origen a una nueva generación, la generación C. C de conocimiento, colaboración y conectividad. A través de un ordenador conectado a la red, las tecnologías de la información dejan al alcance de todos un mundo ilimitado, compuesto de ambientes (reales o virtuales) extremadamente ricos en información (2009, p. 19).

Las páginas de redes sociales, hoy en día, son webs a los que se accede frecuentemente; esas páginas están creciendo rápidamente y cada día más usuarios se dan de alta y las utilizan. Las webs más conocidas son Facebook, Orkut, Twitter y Linkedin.

Ese interés por las redes sociales ha llamado la atención de estudiosos de medios y de las relaciones sociales, que han observado como ellas influyen en las formas de comunicación, las relaciones interpersonales y la propia identidad personal.

REDES SOCIALES: DEFINICIÓN

Las redes sociales son medios de comunicación que vienen creciendo cada vez más, ocupando su espacio en el mundo tecnológico y real. No existe una explicación exacta que ponga de manifiesto el motivo del éxito de esas herramientas de comunicación. Para Afonso, las redes sociales son un tema que debe ser analizado, debido a su gran desarrollo y divulgación entre las personas: Con el desarrollo de las herramientas tecnológicas, principalmente aquellas promovidas por el nacimiento de Internet, emergen en nuestra sociedad nuevas formas de relación, comunicación y organización de las actividades humanas, y, entre ellas, merece destacar el estudio de las redes sociales virtuales (Ibidem, p. 29).

Para Recuero (2009, p. 104) una red social se define de la siguiente forma: las webs de redes sociales propiamente dichas son aquellas que comprenden la categoría de los sistemas enfocados en exponer y publicar las redes sociales de los actores. Son webs cuyo objetivo principal está en la exposición pública de las redes conectadas a los actores, o sea, cuya finalidad está relacionada a la publicación de esas redes.

Los actores a los que menciona arriba son las personas que se exponen en las redes sociales, mostrando su perfil personal o profesional, sus preferencias y sus gustos, a fin de "conectarse" con otras personas.

Ya en relación a la comunidad virtual que es creada a partir de las redes sociales, Koo escribe: [...] está constituida de personas agregadas alrededor de un grupo de temas, asuntos o características, cuyo vínculo es establecido no presencialmente. Debido a las facilidades proporcionadas por Internet y a la comunicación digital, ha sido la principal forma por la cual las relaciones son creadas, cultivadas y mantenidas (2006, p.49).

Las redes sociales pueden ser usadas para diferentes funciones, entre ellas el entretenimiento, la búsqueda de amigos con el mismo perfil, la búsqueda de empleo, etc. Esta penúltima función, citada anteriormente, está siendo utilizada por las empresas para ayudar en los procesos de selección, para promover el "primer contacto" con el candidato, configurándose así la primera impresión, hecha a través de la búsqueda de su perfil en las principales herramientas de comunicación.

Según Afonso (2009, p. 29), las redes sociales han sido usadas para fines que gran parte de las personas ni imaginan:

La comunicación en red ha sido explorada como instrumento de activación de movimientos sociales y culturales como la lucha de los derechos humanos, feministas, ambientalistas, etc. En la educación, la participación en comunidades virtuales de debate y argumentación encuentra un campo fértil a ser explorado. A través de esa complejidad de funciones, se percibe que las redes sociales virtuales son canales de gran flujo en la circulación de información, vínculos, valores y discursos sociales, que vienen ampliando, delimitando y mezclando territorios. Entre desconfiados y entusiastas, el hecho es que las redes sociales virtuales son invitaciones para repensarse las relaciones en tiempos post-modernos.

Considerando las afirmaciones de Afonso, se debe recordar el importante papel que las redes sociales tuvieron recientemente en la articulación de los movimientos políticos contra dictaduras que se extendieron por décadas en países de Oriente Medio y del Norte de África. En Túnez, Egipto, Siria, Bahrein y Libia, entre otros, fue a través de las redes sociales que los rebeldes consiguieron unirse en la expresión de los deseos de libertad y cambio en las estructuras políticas autoritarias, marcando protestas que tomaron las calles, llevando a la derrota a líderes que se mantenían en el poder desde hace muchos años, como en Egipto y en Libia.

De un modo general, las principales funciones de una red social para Kaufman son:

1. Conectar a los individuos todo el tiempo y en todo lugar;

2. Hacer disponible contenido multiplataforma;

3. Compartir informaciones, decisiones, contenidos, etc.

4. Personalizar todo lo que el usuario quiera" (2010, p. 51).

Estas características citadas, conforme el desarrollo que presentan, son las responsables de atraer a los usuarios, aún más si suministran un fácil acceso a través de los diversos dispositivos móviles disponibles actualmente en el mercado, como smartphones, notebooks y tablets.

HISTÓRICO DE LAS REDES SOCIALES

El concepto de redes sociales no es nuevo como algunas personas se pudieran imaginar. Conforme Wellman (1996 apud KIEHNE, 2004, p. 213), una de las primeras herramientas consideradas redes sociales fueron los "Email lists and bulletin board systems (BBS)", que surgieron en la década de 1970, a fin de realizar la interacción online de los usuarios. En ellas las personas creaban un "pseudónimo" para mantener una relación con otras personas.

Según Kiehne (2004), en el año 1979 surgieron las herramientas Usenet e Internet Relay Chat (IRC), que seguían el concepto de mensajes, en el cual las personas se agrupaban según intereses en común. Pero para que estas herramientas funcionaran era necesaria la conexión con la red y un software en común para todos los usuarios. Según Teixeira (1997), Usenet formaba un grupo de discusión para el intercambio de mensajes. Esos grupos eran organizados jerárquicamente, por tópicos y subtópicos; la IRC hacia posible mantener una conversación sobre un determinado asunto con una persona o un grupo de personas repartidas por todo el mundo.

En el año 1996, fueron creados los primeros programas de mensajes instantáneos (aplicaciones como AOL Instant Messenger e ICQ). Según Huang & Yen (2003 apud KIEHNE, 2004, p. 3) y Nardi (2000 apud KIEHNE, 2004, p. 3), estas herramientas poseían un chat donde había cambios de mensajes en tiempo real. Ambas herramientas mantenían listas de personas con las cuales el usuario se comunicaba o mantenía alguna relación, ya fuera de amistad o de intereses en común. Esta herramienta ya poseía algunas opciones nuevas, como la de añadir o restringir algún usuario y realizar un "multi-chat" en el cual se mantenía una conversación con 3 o más usuarios a la vez.

Con el éxito de los programas de mensajería instantánea, en paralelo fueron desarrolladas aplicaciones que funcionaran junto a ellos. Según Mnookin (1996 apud KIEHNE, 2004, p. 3), fue creado el concepto de dominio de multiusuarios de juegos, basados en textos, que incentivaba la relación de experimentación de identidad, comunidad y relaciones personales. Pero, en realidad, ninguno de los programas de IM se orientaba a la relación entre las personas.

Con el paso del tiempo y el éxito de las herramientas de comunicación online, fue fortaleciéndose el término de red. Según Ryze (2001 apud KIEHNE, 2004, p. 7), fue creado como un modelo de redes sociales para la actuación en el área comercial, cuyo principal objetivo era reunir personas con los mismos intereses relacionados con el trabajo. Fue en ese momento que surgió el término "network", para cuyo registro eran solicitadas determinadas informaciones como cual era el empleo del usuario, lo que él buscaba en la red y que otros tipos de informaciones podría compartir con los otros usuarios. Todo el contenido de la herramienta sólo podría ser visualizado por usuarios ya dados de alta; lo mismo valía para las "comunidades" donde había una discusión o cambio de información sobre un determinado asunto donde sólo los usuarios pertenecientes a esas comunidades podían ver y participar de ellas.

En los años siguientes, surgieron cada vez más redes sociales con diferentes objetivos. Según Kiehne (2004), fue creada Friendster, que era una red en la cual se mostraban los datos personales, intereses (hobby y gustos) y fotos a través de un perfil en la red. Para Boyd (2004), Friendster fue creado para competir con las webs de contactos online. Este no tenía como objetivo marcar encuentros sino mantener las relaciones de amistad de la persona.

Al poco tiempo surgió la herramienta Tribe.net, cuya diferencia con Ryze y Friendster era el conjunto de personas que había dentro de las "tribus", o sea, nada más de lo que vendrían a ser comunidades online, que son organizadas en categorías y eventos. Para Kiehne (2004), esta herramienta se diferenciaba en que podía variar la forma de compartir datos personales y profesionales, pues conseguía definir cuáles eran los usuarios y cuáles las informaciones que cada uno podría visualizar de su perfil.

En el año 2003, surgió Myspace, una red social con nuevas funcionalidades, entre ellas la personalización de los perfiles, y que ofrecía fotos, vídeos, lista de amigos, entre otras funciones. Conforme Costa (2010), Myspace tenía por objetivo hacer posible compartir música, cultura y ayudar a la divulgación de bandas, pues permitía a los usuarios dados de alta realizar descargas de música y vídeos de los perfiles (bandas) que les gustaran. El éxito y la utilización de esta red fue tan grande, que en 2007, según Thelwall (2008), Myspace superó a Google como la web más visitada en todo el mundo.

El año siguiente, en enero de 2004, fue lanzado Orkut, una red perteneciente a Google. Para Afonso, sus características son: a través de Orkut se puede crear un perfil, añadir referencias personales, insertar fotografías, añadir amigos, participar en comunidades (como moderador o participante), enviar recados a amigos, escribir relatos, obtener informaciones a través de los dispositivos de búsqueda, foros y comunidades, realizar encuestas con los participantes, entre muchas otras posibilidades (2009, p.41).

El mismo año, en febrero, Mark Zuckerberg creó Facebook, una red social hecha de entrada para que los alumnos de la Facultad de Harvard, en los Estados Unidos, se comunicaran entre sí y que se fue extendiendo muy rápidamente a otros países. En ella no hay un diseño sofisticado, pero sí de fácil visualización con páginas consideradas "limpias" (porque no hay publicación de varias propagandas).

Facebook tiene el objetivo de cualquier otra red social, es decir, mantener a las personas "conectadas". Afonso lo define de la siguiente manera: Facebook es una red social que reúne a personas con sus amigos y a aquellos con quienes trabajan, estudian y conviven. Las personas participan en Facebook para mantener contacto con sus amigos, cargar un número ilimitado de fotos, compartir links y vídeos y aprender más sobre las personas que conocen (2009, p.43).

Otro punto importante de Facebook es la parte de privacidad, pues todas las informaciones que se encuentran en los perfiles de los usuarios pueden ser gestionadas a través de reglas que posibilitan la definición de permisos para visualizar estas informaciones.

En octubre de 2006, fue lanzada otra red social, Twitter. Como propuesta diferenciada, su objetivo son el intercambio de mensajes rápidos entre los usuarios, herramienta que inmediatamente alcanzó el éxito en el mundo entero. Para el autor Rufino, Twitter "es un micro-blogging, es decir, un blog limitado, que permite la publicación de sólo 140 caracteres. Es una propuesta de intercambiar información e informar de lo que sucede en pocas palabras" (2009, p.11).

Se puede percibir con estos datos que la idea de red social viene tomando nuevas configuraciones a medida que pasa el tiempo. Con el transcurso de los años, los medios de comunicación interpersonales a través de Internet se extendieron, originando redes sociales, con objetivos y público específicos, es decir, cada vez más atienden las necesidades que los individuos tienen de comunicarse, mostrarse y relacionarse.

LAS REDES SOCIALES EN INTERNET: MERCADO Y DESARROLLO

Las redes sociales han ganado una gran importancia en el pasado reciente. La transformación de los espectadores y de las webs estáticas de la Web 1.01 en protagonistas y en herramientas para la generación de contenido e interacción, respectivamente, en la Web 2.0 modificó significativamente la forma de comunicación y socialización, actividades que son inherentes a los seres humanos y que encontraron en las herramientas de Comunicación Mediadas por Ordenador (CMC) una nueva forma de practicar antiguos hábitos.

El término Web 2.0 fue utilizado por primera vez en 2004, Tim O'Reilly la define como "el cambio de un Internet como plataforma y una comprensión de las reglas para obtener éxito en esta nueva plataforma. Entre otras, la regla más importante es desarrollar aplicaciones que aprovechen los efectos de la red para mejorar cuanto más son usadas por las personas, aprovechando la inteligencia colectiva." (O'Reilly, 2006).

Es en ese escenario que las Redes Sociales despuntan como sistemas poderosos para establecer relaciones y para la generación y distribución de contenido, desarrollando la inteligencia colectiva y alimentando una base de datos que, debidamente analizados, pueden ser utilizados para obtener desde informaciones personales, hasta informaciones comerciales. Si en las Redes Sociales Tradicionales u Horizontales, como Facebook, Orkut, etc., los usuarios son heterogéneos en sus intereses y necesidades, surge como oportunidad a ser explorada la creación de Redes Sociales Especializadas o Verticales, que buscan segmentar a sus usuarios.

El desarrollo de sistemas que posibiliten reunir personas con intereses comunes, generando contenido especializado y construyendo un ambiente ideal para acciones de marketing específicas, puede significar un diferencial en las posibilidades de negocio en la actualidad. Siendo así, se busca reducir la complejidad del sistema a través de la puesta en marcha de diversas plataformas, tanto de pago como gratuitas, destinadas al desarrollo y administración de Redes Sociales.

REDES SOCIALES

El surgimiento y la popularización de expresiones como "Comunidades Virtuales" y "Sociedad en Redes" ponen de manifiesto los rápidos y profundos cambios en las formas de comunicación y relacionarse actualmente. Sin embargo, el estudio de las redes sociales no es algo nuevo.

La antigua preocupación en diseccionar los fenómenos estudiando cada una de las partes detalladamente, en el intento de comprenderlo todo, paradigma frecuentemente referenciado como analítico cartesiano, fue perdiendo espacio para estudios que consideran las interacciones entre las partes.

La llamada Teoría General de los Sistemas, que fue desarrollada por Ludwig Von Bertalanffy en las décadas de los 40 y 50, defendía que la perspectiva sistémica es resultado de la búsqueda de la ciencia para comprender los fenómenos en su totalidad y no como independientes entre sí, por lo tanto, para entender un fenómeno es necesario observar no sólo sus partes, sino también la interacción entre ellas.

Diversos abordajes podrían ser citados como ejemplos en la búsqueda de superar el paradigma analítico cartesiano, y que provocaron, a través del abordaje sistémico o relacional, significativos cambios que gradualmente fueron aceptados por la comunidad científica, contribuyendo a que asuntos antiguos ganaran atención renovada, como, por ejemplo, el estudio de las Redes.

El estudio de las Redes fue inicialmente desarrollado por matemáticos, con el artículo de Leonard Euler (1736), donde la solución del enigma de los Puentes de Königsberg dio origen a la teoría de las gráficas, que puede ser utilizada como metáfora para diversos sistemas, inclusive las Redes Sociales en Internet.

Dentro de las ciencias sociales, el individuo también puede ser observado a través de una gráfica o red, lo que permite estudiar la creación de las estructuras sociales; sus dinámicas, desde la creación de su capital social y su mantenimiento, hasta acciones de cooperación y competición; la diferencia entre sus variados grupos y el impacto de esos grupos en el individuo.

Una Red Social puede ser definida como un conjunto de dos elementos: actores (personas, grupos y nodos de la red) y sus conexiones (interacciones o lazos sociales), o sea, son representaciones de las relaciones afectivas o profesionales, características del comportamiento humano.

De la misma forma, las Redes Sociales en Internet, representan esas interacciones mediadas por un ordenador, lo que posibilita el estudio de las agrupaciones en el ciberespacio, a través del análisis y cruzamiento de datos ricos de informaciones sobre las relaciones de los usuarios entre sí y con sus objetos de deseo, sus opiniones y comportamientos de consumo, generando posibilidades de negocio.

REDES SOCIALES ESPECIALIZADAS

Vivimos en la era de la comunicación, donde las redes sociales mediadas por un ordenador ganan fuerza como una plataforma moderna para la práctica de una de las principales necesidades de los seres humanos: la socialización.

Si en su inicio las redes pudieron ser consideradas un modismo y aún hoy existan cuestionamientos sobre su aceptación y expansión, actualmente es imposible pensar en planes de comunicación eficientes sin pensar en acciones específicas para el entorno virtual, donde las redes sociales alcanzaron el estatus de herramienta esencial y, muchas veces, decisiva, llevando a un número cada vez mayor de anunciantes en el mundo real a reservar, estratégicamente, parte del presupuesto de sus campañas para acciones online.

Las redes sociales pasan a ser tratadas como un espacio estratégico para crear vínculos de admiración y respeto, encajar, tener propósitos transparentes, responder a las cuestiones de la comunidad de forma participativa, acatar opiniones, críticas y sugerencias, hablar con la misma autenticidad con todos los participantes sin disponer de privilegios. También pasa a ser entendido que tener su marca reconocida en el universo digital es necesario y aporta ventajas.

Todos estos argumentos pueden ser fácilmente identificados en la construcción de una red de relaciones especializada, cuyo diferencial está en reunir contenidos que serán alimentados por acciones exclusivas de encajamiento, entretenimiento y reconocimiento. Analizando las redes tradicionales (Facebook, por ejemplo) y las redes de contenido especializado, los recursos utilizados son muy semejantes, sin embargo las redes segmentadas quedan más expuestas a los comentarios positivos y negativos de sus usuarios.

La iniciativa de construir una red especializada es una inversión más osada y agresiva cuando analizamos el riesgo del modelo, pero que favorecen la creación de un escenario ideal donde las marcas pueden ofrecer el producto adecuado al público adecuado, evidenciando una ventaja en las oportunidades de negocio.

La creación de un contenido exclusivo, con perfiles personalizados, en una base homogénea y fiel, posibilita que anunciantes y patrocinadores puedan interaccionar con la audiencia de la red llevándose en consideración categoría, público, localización y, principalmente, hábitos de consumo.

MODELOS DE REDES SEGMENTADAS

Las Redes Sociales son espacios para reparto e interacción entre usuarios, en las Redes Especializadas, además de esas premisas, tenemos la segmentación del público y/o contenido presentes en la red y en ese contexto podemos identificar tres modelos de redes segmentadas:

- las comunidades que mantienen el foco en un público específico,

- las redes que invierten en la participación y perfil de consumo

- y las comunidades que apuestan en tendencias, novedades y hasta curiosidades.

Las redes enfocadas a un público específico son, básicamente, un espacio para reparto de experiencias, donde los usuarios cuentan sus historias personales dentro de un contexto, como por ejemplo: "Abuelos en La Red", red social para abuelos o "Happiest", para compartir buenas experiencias.

Cuando el objetivo es el perfil de consumo, las redes pueden estar asociadas a una marca específica o a un modelo negocio y buscan reunir consumidores que, además de compartir informaciones, también aprovechan las ventajas de encontrar más fácilmente sus objetos de necesidad, podemos citar como ejemplo: "Guinea Pigs and Hamsters", red de criadores de cerditos de la India o "DeveloperWorks", red social de IBM para desarrolladores.

Existen también las redes que aprovechan las tendencias, novedades e incluso curiosidades, pero, independiente del modelo escogido, para que una red especializada tenga realmente éxito debe presentar una planificación estratégica y un contenido exclusivo y deseado por sus seguidores y admiradores. Se trata de la esencia no sólo de las redes sociales especializadas, sino de muchas otras, que pueden partir de una idea, un concepto o un modelo de negocio, y ciertamente serán más fuertes si ya tienen una base sólida o poseen una marca deseada vinculada a ellas.

Un aspecto que puede ser percibido en las redes sociales tradicionales es la manera como las personas demuestran su identidad real de consumo, posibilitando prever hasta donde va su deseo y así pudiendo atraerlas a redes de contenido especializado. Ese cambio se muestra valioso, pues se parte de una plataforma selectiva, pudiendo destacar y establecer contacto con un grupo élite de participantes.

Cuando encuentra ventajas, el usuario se hace fiel, y mientras más es reconocido, más fan se hace (Novaes, 2010), siendo ese patrón de comportamiento lo que define los atributos de una red especializada. El conocimiento sobre las ganas de los consumidores de un determinado producto posibilita una inversión en relaciones que busca potencializar una marca y monetizar continuamente el negocio de redes sociales.

La identificación de los perfiles de consumo formados en las redes especializadas puede ser utilizada para la creación de estrategias de comunicación más eficientes, pues esos consumidores diferenciados consumen con mayor frecuencia y en mayores volúmenes. Este es el principal propulsor de las redes de consumo y que está siendo explorada, principalmente, por marcas que ya poseen un programa de fidelización o que poseen un público de altísimo estándar, no llegando a tomar el espacio de otros modelos, pero consolidándose como plataforma de investigación y comportamiento de usuarios y consumidores.

La rapidez en la respuesta y el perfil inmediato de sus usuarios hacen esas herramientas poderosas, llamando la atención de anunciantes y agencias hacia el nuevo modelo de negocio. El objetivo no está en la búsqueda del modelo ideal, haciéndose irrelevante si la red es más moderna o la que acompaña tendencias. Es preciso más que destacar. Es necesaria la especialización del contenido y, además de eso, la especialización en el deseo de las personas.

Análisis de Mercado

El nacimiento de Internet trajo un gran cambio en los modelos de comunicación y de negocio, antes basados en la relación entre las empresas de noticias y entretenimiento y un conglomerado de personas agrupadas bajo el concepto de masa. Con la creciente democratización de su acceso, es cada vez mayor el número de usuarios con perfiles activos en la Red Mundial, favoreciendo la creación de diferentes opciones de negocio y posibilidades de uso empresarial de las comunicaciones, del marketing, de los contenidos y otros servicios intangibles que tiene Internet como soporte y plataforma.

Uno de esos nuevos campos de negocio, que está asociado al conocimiento, ocio, plataforma técnica y vínculo social, son las de Redes Sociales y todos aquellos que los permiten: aplicaciones (Apps), servicios, monitorización e investigación de uso. Se trata de un mundo del software personalizado, influenciado por los comportamientos, rutinas, usos y evaluaciones que los usuarios hacen de esas herramientas.

El escenario actual muestra que poseer la información correcta en el momento correcto posibilita estar en el frente en las relaciones comerciales; conocer e interaccionar con clientes y mercados, atender sus necesidades y principalmente conquistar sus nichos, se hizo valioso.

Además de las acciones de marketing y publicidad y de la venta de análisis de información del comportamiento de los usuarios, es posible obtener ganancias financieras con micro pagos vía acceso a Apps (aplicaciones), que son servicios concretos relacionados con la información o personalización y que amplían o profundizan datos del usuario, buscando facilitar el acceso a otros servicios, por ejemplo, noticias, juegos, geolocalización y comienzan a ganar fuerza también como herramienta de marketing y micro pagos por acceso a servicios diferenciados, que destacan al usuario dentro de la red.

ACEPTACIÓN SOCIAL DE LAS REDES SOCIALES

Las redes sociales son las webs más populares entre adolescentes y jóvenes. En cuanto a los adultos, la preferencia por construir su perfil en una red social es alta entre los 16 y 24 años (64%) y va disminuyendo con el aumento de la edad. La media de perfiles creados por un usuario es de 1,6 y la mayoría de la gente revisa su perfil online en redes sociales todos los días.

Otra información importante es que la mayoría de los consumidores aprueba las acciones en las redes sociales, a través de la utilización de la red para divulgación de productos, análisis de comportamiento de los usuarios o como vehículo de comunicación directa con sus consumidores.

LA ERA DE LOS "PROSUMIDORES"

El entorno digital, transformado por el crecimiento de las tecnologías de comunicación, proporcionó libertad creativa y condiciones para la generación y diseminación de contenido, y los "Prosumidores" son los protagonistas en el escenario de la Web 2.0.

El término "Prosumidores" fue creado por Alvir Tofler en el libro La Tercera Ola y se refiere a los consumidores que están conectados a Internet y que producen informaciones en webs, blogs, webs sociales, etc., el perfil de esos consumidores también incluye el deseo de interferir en el desarrollo de los productos y servicios que consumen.

Existen también los usuarios con talento para el entretenimiento, la comunicación, la cultura o el contenido y que esencialmente crean capital social y transforman en oportunidades de negocio, lo que podemos llamar "Prosumidores 2.0" (Machado, 2010), personas que utilizan el poder de la red para emprender.

El cambio en el mercado de comunicación y del perfil de los usuarios que no se contentan sólo en recibir contenidos, sino que consumen y producen a la vez como forma de manifestar sus opiniones y hacer valer sus derechos, trae como nuevo desafío desarrollar estrategias de medios y relaciones envolviendo a los prosumidores.

En ese escenario de tensión entre los viejos y los nuevos medios, entre el comportamiento de los consumidores y las estrategias de los conglomerados mediáticos la convergencia de medios surge no sólo como un fenómeno tecnológico o un cambio estructural de plataforma y dispositivos, sino como un fenómeno social y cultural, entendiendo la convergencia como un proceso que ocurre cuando las interacciones entre consumidores construyen sus propias historias.

Otro aspecto importante se refiere a la capacidad de las comunidades virtuales para influenciar combinando a sus miembros, concepto de inteligencia colectiva, lo que no tenía conocimiento para realizar solo lo consigue realizar utilizando el conocimiento compartido del grupo (JENKINS, 2008).

El análisis de ese comportamiento tecnológico, llamado tecnografía, es fundamental para garantizar el ROE (Return on Engagement), que puede ser medido a través de indicadores cualitativos con base en tres conceptos básicos:

- Relevancia (cuando conseguimos alcanzar al público blanco),

- Influencia (cuando conseguimos hacer que acompañen las acciones de la empresa y se hagan clientes)

- y Compromiso (conseguir que los seguidores sean defensores de la marca, empresa o producto).

Los efectos de ese análisis pueden ser percibidos en la capacidad colectiva de promover el desarrollo por medio de la descentralización de la información, a medida que la conectividad aumenta, el mundo disminuye (Small World Phenomenon), más importante que la cantidad de seguidores es la calidad, siendo más ventajoso tener pocos seguidores que conocen el producto, lo compran y lo comparten que un millón de seguidores que no poseen ningún vínculo.

"Coolhunting"

De origen inglés, la expresión 'coolhunting' surgió en la década pasada y designa la práctica de identificar eventuales estándares de comportamiento, deseos y actitudes que existirán en un futuro próximo. No se trata de adivinación, sino de observación;

analizando los movimientos en el presente podemos predecir el futuro, que podrá concretizarse de diferentes formas: una preferencia por determinados colores, hábitos, estilos, etc.

La participación y observación cultural pueden ser consideradas las bases del trabajo de los "coolhunters", que buscan reconstruir con profundidad los escenarios culturales. Valiéndose de algunas técnicas de la Antropología, esos profesionales trabajan en la identificación de los (futuros) estándares buscados.

Las webs de redes sociales constituyen un ambiente bastante fructífero para ejercer esa actividad. En ellos, los usuarios expresan sus opiniones, deseos, hábitos y preferencias, suministrando algunas informaciones necesarias para la predicción de tendencias.

Las informaciones obtenidas en las redes sociales traen algunas facilidades, como: la visibilidad del medio, pues buena parte de los perfiles en redes sociales online son públicos; la permanencia de la información y sus emisores, en alusión a la memoria de Internet; y la espontaneidad existente hoy, en el mundo online los usuarios aún tienden a expresarse con naturalidad.

En contrapartida, podemos identificar algunos desafíos para los "coolhunters", por ejemplo, el hecho de que las informaciones sean accesibles a una organización, implica la disponibilidad para la competencia en igualdad, además de eso, el dinamismo con que las acciones suceden en los medios sociales, tiene como consecuencia que los datos recolectados ayer ya pueden estar desactualizados hoy, demandando un ritmo más acelerado y mayor criterio en la recogida de los mismos.

Con base a esas informaciones, así como en las especificidades del entorno online, se hace evidente la necesidad de una de metodología de trabajo adecuada para la investigación y lectura de tendencias en los medios sociales, como los servicios de Netnografía.

El estándar de comportamiento establecido en las redes sociales lleva al reparto de experiencias y expectativas relativas a personas, productos y hasta política, cuando las organizaciones entienden el potencial de eso, gana la organización y gana el ciudadano.

CONSTRUYENDO REDES SOCIALES EN INTERNET

Las posibilidades de negocios y ganancias reales con la herramienta y la gran aceptación de las Redes Sociales por los usuarios favorecen la creación de nuevos sistemas de compromiso. Además de eso, existen diversas herramientas que servirán de base de desarrollo, garantizando el funcionamiento básico de las principales reglas de negocio, sin embargo antes de iniciar un nuevo proyecto, es interesante desarrollar un análisis para identificar las fuerzas y los miembros envueltos en el negocio.

La forma más usual es el análisis a través de la identificación de las Fuerzas y Oportunidades, Flaquezas y Amenazas, el análisis FOFA, también llamado SWOT (siglas en inglés de Strengths, Weakness, Opportunities, Threats), que es el análisis de la situación de una empresa o negocio tanto en el ambiente externo como en el interno. En el ambiente externo clasificamos las Oportunidades y Amenazas y en el ambiente interno encontramos las Fuerzas y Flaquezas.

ANÁLISIS F.O.F.A.

Considerando el entorno de las Redes Sociales llegamos al siguiente análisis, sintetizado en la figura que se muestra a continuación:

	FUERZAS	FLAQUEZAS
INTERNO	Marketin many-to-may Confianza entre usuarios e inteligencia colectiva	Privacidad en las redes sociales Aplicación deficiente de perfiles socio-culturales en la publicidad Poca utilización del Storytelling
	OPORTUNIDADES	**AMENAZAS**
EXTERNO	Redes sociales segmentadas Explosión del hypertargetting a través de medios interactivos	Problemas de innovación en detrimento del usuario Super exploración publicitaria

FLAQUEZAS

Las cuestiones de privacidad en las redes sociales afectan a tres ámbitos jurídicos: el relacionado con la protección de datos, el relacionado con la propiedad intelectual e industrial (derechos y uso) y, por último, la privacidad que afecta al consumidor en lo que concierne a su intimidad y honra. Sumado a esto tenemos el poco énfasis en la generación de confianza y en las habilidades en el uso de Internet y de las redes sociales.

Sobre la aplicación de perfiles socioculturales, mucho se cuestiona sobre la confianza que los usuarios tienen en los mensajes publicitarios, haciendo el análisis de los datos socioculturales de los usuarios de las redes una herramienta vital para convertirlos en informaciones más refinadas, más definidas sobre los gustos de cada grupo segmentado de usuarios.

Otra debilidad es la poca utilización del 'storytelling', una herramienta más antigua que los propios medios sociales, muy valiosa por sus características y que está presente en la historia de la comunicación entre los seres humanos, que siempre transmitió conocimiento contando historias, ya qué es mucho más fácil guardar en la memoria un conocimiento cuando este está asociado a significados sentimentales y elementos técnicos por medio de un contexto.

Las Redes Sociales forman un entorno aún poco explorado y que permite un desarrollo intensivo del marketing viral y del storytelling. Son herramientas importantes para impulsar las ventas y la imagen de las empresas, pues los consumidores tienden a confiar más en la publicidad boca-a-boca que en cualquier otra y confían más en las evaluaciones de productos hechas por otros usuarios.

OPORTUNIDADES

Aunque existan redes sociales que usa la mayoría del público en Internet, cada día surgen nuevas Redes Sociales Especializadas, debido a la posibilidad de encontrar información de un tema concreto y la comunicación con miembros que comparten las mismas inquietudes y anhelos.

Otra oportunidad identificada se refiere a (aún) la escasa aplicación de variables socioculturales en la conformación de la publicidad para las redes sociales que abre todo un campo de oportunidades de negocio. Las redes sociales exigen una concretización virtual y, además de eso, el propio medio interactivo implica una constante selección de datos por parte del usuario; del receptor de la información a la selección personalizada de los contenidos que desean consumir.

Por todo eso, la identificación del usuario y el segmento de su actividad en una red social puede permitir la generación de servicios y de publicidad "a la carta" en función de múltiples variables preestablecidas que permiten una construcción muy fiel del receptor.

Actualmente, las redes sociales explotan poco este recurso, en contraste con, por ejemplo, los datos cuantitativos que el usuario proporciona en su perfil, por lo que las oportunidades de explotación de perfiles segmentados se perfilan como la genuina publicidad del medio interactivo.

AMENAZAS

La existencia mundial de una especie de oligopolio en torno a las redes sociales provoca un problema a la innovación y al desarrollo de otras redes sociales de más pequeño volumen. Debemos considerar también la aparición de usuarios que se muestran reticentes a tomar parte en redes desconocidas, además de sumar costes transaccionales para ir de una red a otra.

La super explotación publicitaria también puede ser percibida con una amenaza, pues la percepción de las redes sociales por los usuarios son de un lugar donde ellos pueden comunicarse con amigos y crear nuevas relaciones. Un lugar libre (o que al menos parece como tal). Por esas razones, los gestores de redes sociales y las empresas en general necesitan tener cuidado con el exceso de anuncios para sus usuarios. El formato de los anuncios también es muy importante para que los usuarios no los perciban de forma negativa.

FUERZAS

El marketing "many-to-many" es un punto fuerte y peculiar del mercado de las redes sociales. La web permite diferenciar más los anuncios y las redes sociales, por lo tanto permite no solamente transmitir anuncios personalizados, el llamado marketing "one-to-one", sino crear relaciones entre prosumidores/usuarios (que crean y usan simultáneamente) y la empresa y también entre prosumidores (que crean y difunden ellos mismos videoclips publicitarios) y usuarios.

Otra característica que marca el crecimiento exponencial de las redes sociales es la capacidad de crear grupos de intereses colectivos regulados esencialmente por la confianza entre los usuarios. De este modo, los usuarios se apropian del espacio virtual y confían en los mensajes, aplicaciones y enlaces propuestos por los demás miembros del colectivo.

En 1994, Pierre Levy concretizó este principio de confianza virtual con el concepto de "inteligencia colectiva". Según ese concepto, los usuarios no pueden conocerlo todo, sino parte de una realidad concreta. Para él, la agregación de esas realidades lleva al conocimiento o inteligencia que beneficia a la colectividad.

Desde el punto de vista de la fuerza de las redes sociales como modelo de negocio, cabe entender que la inteligencia colectiva facilita la concentración de intereses y gustos comunes, generando así una segmentación natural en el entorno virtual y también permite la aplicación de técnicas innovadoras como el marketing viral, considerando la confianza entre usuarios y su constante intercambio de información como su principal característica.

DESARROLLO DE UNA RED SOCIAL

Considerando las informaciones del análisis se inicia la fase de desarrollo del proyecto, un punto importante en esa fase es la elaboración del Alcance del Proyecto para la identificación del objetivo del sistema y sus requisitos funcionales, que son las funcionalidades necesarias en la Red Social, por ejemplo:

- Perfiles: Creación de perfil con informaciones personales, foto e intereses.

- Blog: Blog colaborativo donde los usuarios pueden compartir informaciones con todos los miembros del grupo o (de acuerdo con las configuraciones de privacidad) sólo con los usuarios seleccionados.

- Foros de discusión: Incorpora todas las características estándar de un foro personal, como discusiones, respuestas, búsquedas y mucho más.

- Calendario compartido: Ideal para controlar las actividades y eventos del grupo.

- Galerías de fotos: Carga y reparto de fotografías e imágenes para el grupo.

- Vídeo: Carga y reparto de vídeos dentro del grupo.

La necesidad o no de esos ítems dependerá del objetivo de la red social, la identificación correcta de las necesidades del sistema es importante para la elección de la plataforma de desarrollo que mejor atienda las necesidades del proyecto.

HERRAMIENTAS PARA EL DESARROLLO

La complejidad del sistema puede ser entendida como un escoyo para la ejecución del proyecto, elevando costes y tiempo de desarrollo, para ayudar en esta tarea existen diversas herramientas para la construcción de Redes Sociales, la elección de la plataforma depende de las necesidades del sistema que se desea construir y de los conocimientos técnicos para la ejecución del proyecto.

BuddyPress es un plugin para la plataforma de blogs WordPress que permite crear una red social online, mejorando el estándar del propio blog para dar soporte a las características de la Red Social, con funcionalidades de creación de perfiles personalizados, blogs, foros de discusión, galerías de fotos y vídeo.

GroupSite es una herramienta de colaboración social online, con un buen aprovechamiento de las aplicaciones para redes sociales y servicios de colaboración, perfil personalizado, blog del grupo, foro de discusión, galerías de fotos, vídeos y calendario compartido son sus características básicas. Otras características que hacen a GroupSite destacar son: el reparto de archivos, el apoyo de los miembros, analíticas, control de permisos, fácil disponibilidad de modelos, selección de email y mucho más.

Grou.ps es una plataforma de aplicación social que permite crear y gestionar un grupo online. Es gratuita para los primeros 100 GB de datos transferidos, con todas las características estándar para gestionar su grupo online: perfiles de miembros, blogs, foros de discusión, reparto de agenda, galería de fotos y vídeo. Las características diferenciales incluyen una opción para compartir la presentación de la localización de los miembros de su grupo en un mapa y la capacidad de añadir sus medios de comunicación social y servicios de actualización posterior, como Twitter, Facebook o YouTube dentro su propio grupo.

Elgg es tal vez el script más conocido de Internet para creación de webs de relaciones y redes sociales. El sistema fue lanzado en 2004 y hasta hoy mantiene a los desarrolladores originales al frente del proyecto. Con un código limpio y la posibilidad de creación de nuevos recursos a través de plugins, o módulos extras, además de la personalización de la plantilla utilizando templates HTML y CSS. Elgg es una plataforma Open Source, libre para descarga y uso, posee documentación para auxiliar en el desarrollo y foros de discusión para ayudar a los desarrolladores. Como funcionalidades básicas Elgg ofrece: perfiles, blogs, foros de discusión, galerías de fotos y vídeo. La agenda compartida también puede ser añadida usando uno de los muchos plugins disponibles, aportados por los usuarios. Otras características por defecto incluyen mensajes privados, reparto de archivos, la capacidad de crear y ejecutar un wiki, permiso para control, marcadores, transmisión de actividad y mucho más.

Pligg es un sistema de gestión de contenido Open Source que puede ser utilizado para crear una web operada por varios autores, con funcionalidades de red social que promueven la participación del usuario. Inicialmente era un servicio de envío y ranking de contenidos gratuito, posteriormente fueron añadidas características sociales, como por ejemplo: blogs, perfiles de miembros, mensajes privados y feeds RSS. Es posible añadir módulos extras (gratuitos o mediante pago) que permiten integrar clips de vídeo, galería de fotos y recursos de reparto de calendario. Modelos de template listos, gratuitos y de pago, también están disponibles en el área del foro de Pligg. No permite foros de discusión.

SocialGO es un servicio basado en la web que permite crear una red social con una interfaz similar y muchas características semejantes a Facebook. SocialGO viene en dos versiones: una solución gratuita, con recursos soportados para anuncios y publicidad estándar y una alternativa pagada. La solución "premium" de SocialGO permite que el desarrollador ejecute sus propios anuncios y otros recursos avanzados como la adición de widgets para su web y el uso de audio y vídeo chat. Dispone de blogs personales y de grupo y cada miembro tiene un muro donde las personas pueden comentar y publicar contenidos multimedia, fotografías y reparto de vídeo, perfiles personalizados, foros de discusión y calendarios compartidos para acompañar los eventos del grupo. Otras características incluyen: transmisión de actividades, reparto de archivos, controles de permiso, fácil disponibilidad de modelos, API, notificaciones, integración a Facebook y Twitter, email y mucho más.

LAS REDES SOCIALES COMO ESTRATEGIA PARA LA INTELIGENCIA COMPETITIVA

ANALIZANDO ALGUNAS REDES SOCIALES

Facebook

Es tal vez la mayor Red Social del planeta, dispensando mayores prestaciones. Ya sufrió incontables alteraciones y despierta una relación de amor y odio entre los propios usuarios y entre ellos y sus aplicaciones y distribución. Una red con muchas herramientas y posibilidades de uso, tanto para perfiles personales, como para las empresas y marcas que pueden crear Fan Pages para la divulgación de su producto y acompañamiento estadístico del alcance y penetración de sus acciones en la red.

Twitter

Herramienta de microblog para envío de mensajes cortos de hasta 140 caracteres, una forma eficaz para divulgar información e intervenir en el mercado. Son muchos los profesionales de marketing, publicidad, medios sociales y tecnología presentes en la red. Puede ser utilizado para seguir fuentes de información conforme el área de interés, twittear asuntos interesantes para incrementar seguidores. Es una buena herramienta para divulgación y propagación (Retweet).

Pinterest

Fenómeno del momento, fue lanzada en marzo de 2010 y se trata de una red para subir fotos y vídeos en un mural virtual, atrae por la facilidad de uso, elegancia y diversidad de contenido, además de poder ser utilizada como escaparate virtual para tiendas. Cada foto publicada posee un link a la web de origen, generando tráfico en la red, cambio de informaciones y posibilidades de negocio. La red es sólo para invitados, si bien es posible enviar el email y solicitar una invitación.

Linkedin

Principal Red Social para contactos profesionales, creando una segmentación de público. Ideal para buscar empleo, contactar con compañeros o para la contratación de profesionales. Reúne 150 millones de usuarios. Es una red segmentada según las relaciones profesionales, donde se debe invertir en la elaboración de un perfil realista, con experiencias y habilidades, una excelente herramienta para identificar nuevas oportunidades profesionales y establecer parcelas comerciales.

Google +

Ganó la mala fama de tener usuarios poco activos pero existen muestras de que la red está creciendo, siendo apreciada por profesionales de la tecnología y figurando entre las mayores redes. La exhibición de los posts en los resultados de las búsquedas de Google busca dar más visibilidad a la red. Cuenta con 90 millones de usuarios y una adhesión estimada en 600 mil inscripciones por día.

Funciona bien para reparto de contenido dirigido, con los círculos de amigos es posible separar los contactos por afinidad y, finalmente, compartir asuntos diferentes con personas diferentes, esa posibilidad de gestionar los círculos, enviando el mensaje correcto a la persona correcta, genera una segmentación en una red horizontal. Las empresas pueden valerse de esa información y crear perfiles para interaccionar con los usuarios.

Foursquare

Ejemplo de sistema de georreferenciamiento personal que reúne un público calificado que busca consejos de servicios mientras comparte sus desplazamientos. El sistema ofrece espacio para que prestadores de servicio divulguen sus productos y monten acciones específicas para los usuarios de la red, con 15 millones de inscritos, la mayoría conectados vía smartphone, cuenta con millones de accesos por día y 750 mil empresas utilizan el servicio para divulgación. Con una aplicación disponible para casi todos los Smartphones, basta instalar y efectuar el login para ver el contenido, ofertas, descubrir donde están sus amigos y ver los lugares donde esté. Las empresas son listadas gratuitamente y pueden ofrecer ofertas especiales para los usuarios.

Houzz

Red Especializada en arquitectura, decoración y paisajismo, base de datos para investigación por tipo de entorno, localización y estilo. Además del reparto entre usuarios, es posible el contacto con especialistas. La red está formada por entusiastas sobre el asunto y profesionales del ramo. Hay más de un millón de "libros de ideas" creados por los usuarios y 30 mil profesionales dados de alta, casi todos americanos. Para ingresar en la red el usuario crea un "libro de ideas" donde puede coleccionar fotos referentes a un proyecto de decoración, por ejemplo. Empresas y profesionales deben montar un portafolio para divulgación. Esos servicios son gratuitos.

Live Mocha

También es una Red Especializada que tiene por objetivo enseñar idiomas, en una red social que permite a los usuarios asistir a vídeo-aulas y aprender con personas que hablan el idioma de interés, todo eso sin salir de casa.

Epernicus

Red Social para el público científico, su objetivo es facilitar el cambio de informaciones entre científicos para desarrollar soluciones inteligentes y más rápidas, invirtiendo en la inteligencia colectiva. Los usuarios comparten una idea que será desarrollada de forma colaborativa. Son servicios gratuitos.

Bottletalk (Conversación de Botella)

Un ejemplo de la fuerza de la segmentación en una red social para el intercambio de experiencias. En este caso, entre apasionados del vino. Además del reparto de información y conocimientos sobre el asunto, lo que ya sabemos es una característica básica, en este caso queda evidente el objetivo en el perfil de consumo, cualquier proveedor que tenga necesidad de alcanzar al público que aprecia vinos tiene un espacio ideal para divulgar su producto.

LAS REDES SOCIALES Y LA INTELIGENCIA COMPETITVA

La proyección de las redes sociales permite la visualización de las conexiones entre actores en el entorno organizacional, constituyéndose, así, un importante recurso para el reparto de la información y del conocimiento. Las redes sociales colaboran para el fortalecimiento de la cultura organizacional orientada para el reparto de la información y del conocimiento. Además de eso, la proyección de las redes posibilita rastrear los flujos de la información, permitiendo la identificación de la estructura informacional que permita el entorno de la organización. Así, las redes sociales pueden contribuir, de forma efectiva, a la comprensión y elaboración de mejores estrategias para el proceso de inteligencia competitiva y, consecuentemente, para el funcionamiento en el contexto organizacional.

La entrada de nuevos bienes y productos en el mercado está provocando rápidos cambios en las actividades económicas y en el entorno de actuación de las organizaciones, delineando nuevas características en el contexto organizacional, tales como los estándares de competición globalizada, formación y materialización de bloques económicos (Mercosur, Nafta, Comunidad Económica Europea y otros), consolidación de potencias tecnológicas, caída de las fronteras geográficas, expansión de las actividades de las organizaciones en mercados lejanos, aparición de nuevos negocios y nuevos mercados y globalización de los mercados financieros.

En medio de este ambiente, el nivel de incertidumbre aumenta y, con él, la necesidad de innovación y flexibilidad de la organización, lo que demanda acciones estratégicas constantes. Así, la competitividad y la productividad hacen que las organizaciones se replanteen su estructura informacional, buscando la calidad de sus productos y servicios para la satisfacción de los clientes.

La inteligencia competitiva, cuyo objetivo es investigar el entorno de actuación de la organización, es un proceso que contribuye efectivamente a la creación de valor agregado y de ventajas competitivas, colaborando en la identificación de nuevas oportunidades de negocios y en la reducción de riesgos.

En esa reflexión, las organizaciones están replanteándose también la estructura jerárquica tradicional y comenzando a valorar más las relaciones entre las personas. De ese modo, demuestran la valorización del capital intelectual que tienen y la disposición para invertir en conocimiento, o sea, en las personas.

Como es natural que las organizaciones compitan por cuota de mercado, es natural, también, que las personas se relacionen. Desde su formación más tierna las personas aprenden a relacionarse y hacen eso durante toda su vida, es decir, están introducidas en redes sociales en las que comparten su formación, sus ideas y, sobre todo, información y conocimiento.

La articulación en red pasó a ser valorada a finales de la década de los 80 e inicio de la de los 90, especialmente debido al uso de las redes electrónicas. A partir de esa época, la función de la red fue explicitada y reconocida y comenzó a ser considerada un elemento político en la sustentación de los derechos sociales de la nación (MARTINHO, 2003).

Las redes sociales son representadas por actores (nodos de la red) que mantienen conexiones entre sí debido a un propósito específico, que las mueve y las potencia. Las relaciones desarrolladas en las redes sociales posibilitan el alcance de propósitos comunes y, empleadas estratégicamente, pueden ser una herramienta para la competitividad organizacional.

Delante de un ambiente en transformación, en que la constante evolución tecnológica influye en las organizaciones, Boog (1991) destaca algunos desafíos críticos que deberán ser por ellas superados. Las organizaciones deben estructurarse para incrementar su potencial competitivo a nivel global; el conocimiento pasa a ser el recurso central de la organización; la flexibilidad, la innovación y la capacidad emprendedora.

El autor resalta la importancia de la calidad, afirmando que el alcance de un estándar de calidad en el producto o servicio es un factor de diferenciación en el mercado en que la organización trabaja y, en un mercado más competitivo, el diferencial de calidad pasa a ser una ventaja estratégica para la organización.

Es importante destacar que el macroambiente en que la organización está introducida está formado por el ambiente interno y externo. Para ser competitiva, la organización debe trabajar con acciones integradas en los dos ambientes. Así, enfatizamos la idea de Valentim (2002) de que el ambiente interno consta de:

- organigrama institucional - relaciones entre unidades de trabajo, tales como direcciones, departamentos, sectores y otros;

- estructura de recursos humanos – relaciones entre las personas de las diversas unidades de trabajo;

- y estructura informacional – datos, información y conocimiento generados en el ambiente interno.

El ambiente externo habla en relación a los agentes que influencian las acciones y las decisiones y están fuera del poder de control de la organización. El gobierno con sus políticas económicas y sociales, los concurrentes del segmento de mercado, la sociedad, las instituciones no gubernamentales, los proveedores de materias-primas y los acontecimientos mundiales, como la devaluación de las bolsas de valores más influyentes, pueden ser considerados agentes pertenecientes al ambiente externo, por cuanto poseen capacidad de modificar la trayectoria del mercado y de la organización.

Para alcanzar sus metas y objetivos es importante que las organizaciones conozcan sus ambientes y se adapten a ellos, buscando alternativas que garanticen su inserción y permanencia en el mercado de forma competitiva. Así, uno de los grandes desafíos para las organizaciones es la introducción en el espacio de las redes, buscando la interactividad con los factores internos y externos.

Pertenecer a una red social, dice Madariaga Orozco et al. (2003), consolida la interacción entre distintos actores, así como refuerza la identidad y la integración social y organizacional. Esto es debido, como explican los autores, al atributo fundamental de la red, que es la construcción de interacciones para la resolución de problemas y la satisfacción de necesidades dentro de la participación social.

Estableciendo una relación entre el ambiente organizacional y los estudios de las redes sociales, destacamos a Molina y Aguilar (2004), que presentan diferentes usos del concepto de redes sociales, entre los cuales citamos: el metafórico; el etnográfico; la intervención y el análisis de redes sociales.

El primer uso del concepto de redes sociales, el metafórico, se refiere a la utilización de la propia perspectiva de la red para analizar la estructura social. Ese tipo de abordaje se presenta como una forma de visualizar a los marginalizados, las clases medias y las élites políticas de una estructura social.

El segundo uso, el etnográfico, tiene una conexión muy próxima con el primero. El estudio de la red es realizado a partir de las rutas y de los cambios; el objetivo de ese abordaje está en las relaciones.

El tercer uso del concepto de redes es la intervención, realizada mediante el diagnóstico y la participación de los actores de la red. Ese método consiste en la elaboración de un sociograma, con los actores de la red y sus relaciones, que permite la visualización de todas las relaciones existentes y así contribuye al establecimiento de planes para la mejora de la sociedad.

El cuarto uso del concepto es el análisis de redes sociales, que utiliza la teoría de gráficos y el álgebra de las matrices, estudia las relaciones específicas entre una serie definida de elementos, tales como personas, grupos, organizaciones o discursos. Esa perspectiva de red permite enriquecer la investigación, pues proporciona una visualización de la red no alcanzable por los medios tradicionales, posibilitando la formulación de mejores preguntas e hipótesis (MOLINA; AGUILAR, 2004).

Analizando esos cuatro usos del concepto de redes propuestos por Molina y Aguilar (2004), percibimos que la identificación de las redes sociales puede contribuir de forma efectiva a la comprensión y elaboración de mejores estrategias para el buen funcionamiento del contexto organizacional.

El análisis de las relaciones entre las diversas unidades de trabajo, así como de las personas introducidas en esas unidades, permitirá la visualización de las relaciones entre las personas, en virtud de la cual la organización tendrá subsidios para la estructuración de equipos de trabajo, identificación de liderazgos, etc., ya que, con el análisis de redes sociales, es posible identificar a los actores centrales en la red y a los actores situados en la periferia de la red que necesitan de estímulos para potencializar sus habilidades y cualificaciones, pues ambos contribuyen en el alcance de los objetivos de la red.

Marteleto y Silva (2004) resaltan la importancia del análisis de redes sociales para que se pueda comprender el proceso de acceso a la información, así como para el desarrollo de la sociedad desde el punto de vista económico y social de comunidades y de grupos sociales.

El análisis de las redes sociales, además de contribuir a la comprensión del organigrama institucional y estructura de recursos humanos, es importante para la comprensión de la estructura informacional de la organización, ya que permite la identificación de los flujos de reparto de la información y del conocimiento.

La aplicación de esos conceptos posibilita la configuración de la red en el ambiente interno y permite la visualización de sus conexiones con el ambiente externo, viabilizando su articulación y haciéndolo un espacio único.

A partir del reconocimiento del macroambiente de la organización (ambiente interno y externo), es posible hacer un mapeo de los flujos de información, buscando identificar datos, información y conocimiento necesarios para subsidiar todas las actividades de la organización.

Los flujos de información están formados por flujos formales e informales. Los formales son las informaciones estructuradas, generalmente localizadas en libros, periódicos, bases de datos y estructuras de datos, y representan cerca de 40% de la información necesaria para las actividades de la organización.

Los flujos informales son las informaciones menos estructuradas, sin perennidad y externas a la organización; tienen normalmente como fuente los clientes, proveedores y concurrentes y corresponden a aproximadamente el 40% de la información necesaria. Aún dentro de los flujos informales, se destacan como fuentes los especialistas y los eventos (congresos, ferias y otros). En el caso de los especialistas podemos decir que ellos constituyen la memoria organizacional y el conocimiento de esos corresponde al 10% de la necesidad de información de la organización. Los eventos cubren el 10% de la información necesaria para el desarrollo de las actividades de la organización (DOY, 1995).

De acuerdo con Valentim (2002), para gerenciar los flujos formales e informales, son necesarias algunas acciones integradas que buscan prospectar, seleccionar, filtrar, tratar y diseccionar todo el activo informacional e intelectual de la organización, incluyendo documentos, estructuras y bases de datos y otros producidos interna y externamente a la organización.

Es en ese contexto que se inserta la gestión de la información, la gestión del conocimiento y la inteligencia competitiva. La gestión de la información, para Woodman (apud PONJUÁN DANTE, 1998, p.135), se refiere a todas las actividades relacionadas con la "[...] obtención de información adecuada, en la forma correcta, para la persona indicada, a un coste adecuado, en el tiempo oportuno, en el lugar apropiado, para tomar la decisión correcta". Es importante destacar que los flujos formales de información son considerados los principales insumos para la gestión de la información.

La gestión del conocimiento se refiere a todo esfuerzo sistemático realizado por la organización para crear, utilizar, retener y medir su conocimiento. Ella pasa, esencialmente, por el reparto de los conocimientos individuales para la formación del conocimiento organizacional. Siendo así, la persona que tiene el conocimiento es quien decide si compartirlo o no (SERAFIM HIJO, 1999).

Esa modalidad de gestión depende, por lo tanto, de la cultura organizacional, principalmente por trabajar con los flujos informales de información. Es extremadamente importante el desarrollo de una cultura organizacional que cree y amplíe el comportamiento dirigido a la gestión del conocimiento, lo que implica reparto, socialización y transferencia de conocimiento.

Nieves y Longo (1999) también resaltan que, para la implantación de la gestión del conocimiento, es preciso construir una cultura que haga posible compartir conocimiento y crear ambientes para transferencia de conocimiento tácito.

Podemos percibir que trabajar con los flujos de información requiere una cultura organizacional dirigida a la socialización del conocimiento. De esta forma, las redes sociales se configuran como importantes estrategias para compartir información y conocimiento. Madariaga Orozco (2003) cree que las personas que tienen mayor predisposición para participar de redes se caracterizan por asumir una actitud de confianza y optimismo, tienen conciencia de que pertenecen a algo mayor y que sus acciones repercuten en otras personas y pueden influenciarlas y hasta transformarlas.

Destacando la importancia de la introducción de las personas en las redes, Araújo (2002) resalta que las redes son nuevas formas de organización y son consideradas como uno de los modelos más eficientes tanto para la interacción y el aprendizaje, como para la generación y el reparto de conocimiento explícito o tácito. Las redes posibilitan, la identificación de especialistas de diferentes áreas y de experiencias innovadoras bien sucedidas. El autor añade que una de las mayores contribuciones de la participación de las personas en redes es el reparto de experiencias que promueven el aprendizaje y el conocimiento colectivo.

Analizando los flujos formales e informales, percibimos que ambos son esenciales para la inteligencia competitiva, considerada por Cubillo (1997) como un conjunto de capacidades propias movilizadas por una entidad lucrativa, destinadas a asegurar el acceso, capturar, interpretar y preparar conocimiento e información con alto valor agregado, buscando apoyar la toma de decisión requerida por el diseño y ejecución de su estrategia competitiva.

Valentim (2003) define la inteligencia competitiva como un "proceso que investiga el ambiente en que la empresa está introducida, con el propósito de descubrir oportunidades y reducir los riesgos, [...], buscando el establecimiento de estrategias de acción a corto, medio y largo plazo".

En sintonía con los autores citados, Degent (1986) resalta algunos propósitos de la inteligencia competitiva, clasificándolos en:

- inteligencia defensiva - orientada a la obtención de informaciones destinadas a evitar sorpresas;

- inteligencia pasiva- orientada a la obtención de parámetros para evaluar el desempeño de la organización;

- e inteligencia ofensiva – orientada a la identificación de oportunidades de negocios.

Teniendo en cuenta todos esos argumentos, podemos decir que la inteligencia competitiva es un proceso informacional en que el énfasis es dado al ambiente competitivo, buscando identificar y conocer no sólo aspectos que pueden causar impactos en los puntos fuertes y débiles de las organizaciones, sino también el perfil y la actuación de los concurrentes y el monitoramiento del ambiente con vistas a visualizar señales de cambio.

Consideramos complementarios del proceso de inteligencia competitiva las redes sociales que pueden ser utilizadas como estrategia para planear conexiones que permitan el rápido acceso a la información.

CONTRIBUCIÓN DE LAS REDES A LA INTELIGENCIA COLECTIVA

El uso de las redes sociales como una estrategia competitiva es un desafío para los analistas de inteligencia competitiva. Es decir, el trabajo en red es un desafío, afirma Madariaga Orozco (2003), que no consiste sólo en crearlas, sino también en mantenerlas y consolidarlas. Presentamos aquí algunas situaciones de la actuación en red registradas por los autores: las relaciones son horizontales, independientes y complementarias; hay el respeto por la identidad, por la autonomía y por los estilos y ritmos de trabajo; se prioriza la búsqueda de soluciones para problemas comunes; las responsabilidades son individuales y compartidas; hay la contribución de recursos humanos, materiales y financieros; los individuos asumen el papel de facilitadores para obtener resultados; el reparto y la estructuración de la interacción en espacios mayores pueden ser coordinados; hay momentos en que las redes responden a la necesidad de la interacción para la producción de acuerdos, ajustes y consenso en la búsqueda de soluciones para problemas comunes; hay momentos en los que la red requiere nuevas interacciones sobre nuevos temas, entre sujetos sociales, que antes no las demandaban, promoviendo el aprendizaje mutuo.

No obstante, para que el fenómeno de las redes realmente cumpla su función, es necesario que, además de disponer de una arquitectura horizontal, trabaje también con decisión descentralizada, perfil participativo y no autoritario para que las informaciones no sean descuidadas y, así, su propósito sea plenamente alcanzado (MARTINHO, 2003).

La red, para Martinho (2003), puede transformarse en un recurso de organización de la acción del hombre. De ese modo, colabora con los actores sociales en la explotación y en el alcance de resultados decurrentes de los cambios provocados en favor de la mutación social de cierta realidad.

Reflejando sobre las situaciones de la actuación en la red mostradas por Madariaga Orozco (2003) y sobre los aspectos presentados por Martinho (2003), percibimos que las redes sociales pueden constituirse como estrategias para hacer posible el proceso de inteligencia competitiva por medio del fortalecimiento de la cultura informacional y por la apertura de nuevos espacios para el reparto de la información y del conocimiento.

Las redes informales, consideradas también redes sociales, promueven no sólo la flexibilidad organizacional, la innovación y la eficiencia, afirma Cross (2002), sino también la calidad de productos y servicios en virtud de efectivamente conciliar intereses a favor de una experiencia. La colaboración y el trabajo que reciben apoyo de redes informales están siendo, progresivamente, importantes para que las organizaciones compitan en conocimiento y capacidad para innovar y adaptarse.

Las redes facilitan la comunicación empresarial. Según Castells (1999), el desarrollo de la informática originó una economía sin precedentes y la adopción de las redes ha influenciado y transformado tanto las formas de las organizaciones como las humanas.

En la organización, la interacción ocurre por medio de las estructuras formales e informales. Las formales son representadas por la estructura organizacional, mientras que las informales son concretizadas por las personas que tienen intereses comunes. "En toda organización hay una interacción continua entre sus redes informales y sus estructuras formales." (CAPRA, 2002, p.121).

Con todo, para el mejor aprovechamiento de las actividades en red, estas no pueden estar jerarquizadas, o sea, es imprescindible que los diferentes niveles organizacionales tengan acceso a la información, de modo que sea posible el relacionamiento fértil de todo el equipo en su transformación organizacional.

Las organizaciones pueden ser comparadas a sistemas vivos en los cuales las personas envueltas (líderes, accionistas, clientes etc.) sistemáticamente cooperen para alcanzar un propósito común. Según Allee (2004), si las organizaciones son sistemas vivos dentro de ecosistemas, ellas requieren innovación, robustez, diversidad y renovación. La autora afirma también que el valor de las redes se originará de una fundación de redes de conocimiento que construyan confianza y co-participen de metas, con un sentido de emprendimiento en común, con liderazgo compartido y con responsabilidad consciente.

Las conexiones oriundas de la comunicación en redes llevan a los individuos a sentirse co-responsables del destino de la organización.

Las redes informales de comunicación se materializan en las personas mismas que se dedican a la práctica común. Cuando llegan personas nuevas, la red entera puede reconfigurarse; cuando las personas salen, la red cambia de nuevo, o a veces hasta deja de existir. Ya en la organización formal, en contraposición, las funciones y las relaciones de poder son más importantes que las personas, y permanecen durante años mientras las personas vienen y van. (CAPRA, 2002, p.121).

En palabras de Geus (1999), las decisiones son tomadas sobre el suelo fértil de cambios de ideas formales e informales, estructuradas o casuales. Ese compartir de información puede ser planeado para atender las necesidades de la organización.

Así también es el proceso de inteligencia competitiva, que, para ser implementado, requiere un continuo reparto de la información y del conocimiento. Según Bessa (2002), el proceso de inteligencia competitiva sigue un ciclo, denominado por él "ciclo de la inteligencia", compuesto por las siguientes etapas:

- necesidad del decisor - corresponde a la información necesaria para el proceso decisorio o a la planificación estratégica;

- recogida de datos - envuelve la reunión de datos primarios sobre los cuales la inteligencia será producida;

- producción y análisis - conversión de la información primaria en inteligencia - esa etapa incluye la integración, evaluación y análisis de todo dato disponible;

- difusión - distribución del producto final - la inteligencia - al decisor.

En esa misma perspectiva, Valentim (2002) presenta siete pasos para el funcionamiento continuo del proceso de inteligencia competitiva (IC); para cada una de las fases indicamos procedimientos pertinentes a las redes sociales que son reflexiones iniciales que están siendo fortalecidas y pueden contribuir y facilitar el proceso de inteligencia competitiva:

1. Identificar los nichos de inteligencia internos y externos a la organización. El análisis de redes sociales puede auxiliar en la identificación y evaluación de los nichos de inteligencia, suministrando datos sobre relaciones entre los actores actuantes en esos nichos.

2. Buscar, acceder y recolectar los datos, informaciones y conocimiento producidos interna y externamente a la organización. La identificación de los actores centrales en la red, en relación al flujo de la información, puede indicar los más preeminentes en la red y en el trato con la información.

3. Seleccionar y filtrar los datos, informaciones y conocimiento relevantes para las personas y para la organización. Los actores mejor posicionados en la red pueden tener mayor habilidad y presteza en la selección y filtrado de informaciones y conocimientos relevantes a los

propósitos de la IC y de la organización; conocer esos actores es fundamental para la optimización del proceso de IC y esa es una función del análisis de redes sociales.

4. Tratar y agregar valor a los datos, informaciones y conocimientos estructurados y filtrados buscando lenguajes de interacción usuario/sistema. El análisis de redes sociales puede ser aplicado, también, en procesos y flujos de documentos; el mapeo del flujo documental auxiliará en su readecuación y facilitará el trabajo del analista de IC.

5. Almacenar por medio de tecnologías de información los datos, informaciones y conocimiento tratados, buscando calidad y seguridad. El mapeo del flujo documental posibilitará mayor calidad y seguridad al sistema de información.

6. Difundir y transferir los datos, informaciones y conocimiento por medio de servicios y productos de alto valor agregado para el desarrollo competitivo e inteligente de las personas y de la organización. La difusión de la información a los sistemas de inteligencia competitiva de la organización.

7. Crear mecanismos feedback para la generación de nuevos datos, informaciones y conocimiento para la retroalimentación del sistema. Las redes sociales están siempre siendo configuradas y reconfiguradas por la información que fluye entre los actores, lo que facilita la

retroalimentación de la red y como consecuencia del sistema de inteligencia competitiva de la organización.

Los siete pasos presentados por la autora vinculados a elementos del análisis de las redes sociales posibilitan una visualización que abarca el proceso de inteligencia competitiva y su relación con las redes sociales, mostrando la importancia de filtrar y agregar valor a los datos, información y conocimiento y de mapear las redes que permitan el espacio de la inteligencia competitiva. El uso de tecnologías de información también es extremadamente útil para apoyar el proceso de inteligencia competitiva, posibilitando mayor agilidad y seguridad. Las herramientas tecnológicas deben formar parte de todas las etapas del sistema de inteligencia competitiva, desde la identificación de las necesidades de información, recolecta, análisis y difusión, hasta la evaluación del producto final. Estudiar la relación entre el proceso de inteligencia competitiva y las redes sociales es fundamental, pues permite el direccionamiento de los procedimientos en la generación de nuevos datos, informaciones y conocimiento, garantizando el flujo continuo del sistema.

Sin embargo, vale recordar que el uso de las herramientas tecnológicas por sí sólo no asegura el desarrollo del proceso de inteligencia competitiva, pues el acceso a determinadas fuentes de datos, de información y de conocimiento depende, muchas veces, del contacto entre personas. En algunas oportunidades tan importantes y a la vez inaccesibles son necesarios verdaderos contratos para el acceso a ellas.

Es en ese contexto que las redes sociales pueden apoyar el proceso de inteligencia competitiva, pues dependiendo del segmento económico en el cual será aplicado no hay disponibilidad de un instrumento directo que permita la identificación de los nichos de inteligencia externos a la organización. Es preciso recurrir a lo que, en la teoría de redes sociales, se llama actores para conseguirse llegar a aquellos responsables de esos nichos. Lo mismo ocurre con la prospección y filtrado. ¿Como identificar, por ejemplo, las oportunidades de negocios en determinados segmentos sin acceso a las personas que en ellos operan? Para llegarse a las personas correctas, son necesarias su identificación y sus relaciones, lo que significa que hay una dependencia de las redes sociales.

En ese caso, conforme atestigua Barnes (1972), es muy común la utilización de la técnica denominada "bola de nieve" (snowball) para la recogida de datos. La indicación de un segundo sujeto por el primero es hecha con base en la confianza y en el reconocimiento mutuo, lo que confiere legitimidad a la identificación de las redes que así pueden apoyar la recogida de datos, información y conocimientos necesarios al proceso de inteligencia competitiva.

Otra forma de recogida de datos es la indicación de pares o personas importantes en una determinada situación por medio de la elección en una lista que es presentada al encuestado, denominada por Barnes (1972) de miembros de una comunidad.

Reforzando el uso del análisis de redes sociales como suplemento al proceso de inteligencia competitiva, juzgamos que su aplicación en sintonía con los procesos de inteligencia competitiva incrementará el valor a todo el ambiente investigado, posibilitando la identificación de la estructura invisible que permite el ambiente organizacional, circunstancia que desvela las personas-clave en el ambiente organizacional.

Se puede mapear y configurar una red específicamente para la recolecta de datos con vistas al desarrollo del proceso de inteligencia competitiva, dependiendo de cómo se va a desarrollar. Por ejemplo, cuando se pretende implantar una distribución de productos dietéticos específicos para personas portadoras de diabetes, es preciso saber quienes son ellas, como son sus hábitos alimenticios etc. Para el alcance de ese objetivo se puede mapear la red de las personas portadoras de esa patología y posteriormente realizar la recogida de datos utilizando técnicas conocidas como cuestionarios, entrevistas, observación y otras. El mapeo y la configuración de una red social posibilitan la visualización de personas, relaciones e informaciones relacionada con el objetivo de una investigación.

Basándonos en la forma de abordar la cuestión de Hanneman (2001) y Molina (2001) sobre el análisis de redes sociales, presentamos sus etapas, sintetizando los argumentos que las explican:

1. La identificación de la población para la aplicación del análisis de redes sociales, considerando que en esa metodología no se determina la muestra y sí una población, que pueden ser todas las personas de una organización o las personas que están dentro de una delimitación territorial.

2. La recogida de datos, generalmente, realizada a través de cuestionarios, entrevistas, diarios, observaciones o por el

levantamiento de informaciones en ordenadores o sistemas de información.

3. La configuración de la red, hecha por un software, analiza las conexiones de los actores en la red en un diagrama que posibilita distinguir las medidas/indicadores de los actores en la red. El análisis de la red, por medio de esos indicadores, permite el reconocimiento de la red y la visualización de conexiones y actores importantes para un contexto específico;

4. El análisis de la red ofrece condiciones para la intervención estratégica en el ambiente, o sea, permite gestionar las conexiones de los actores buscando estrategias competitivas;

5. El acompañamiento y la evaluación constantes de las redes informales permiten el ambiente organizacional.

LAS REDES SOCIALES EN LA CULTURA

LAS INFLUENCIAS DE LAS REDES SOCIALES EN LA ENSEÑANZA Y EL APRENDIZAJE

Actualmente nos encontramos con uno de los mayores crecimientos tecnológicos del mundo. Esta tecnología viene siendo empleada de modo positivo y negativo por los docentes y estudiantes en la construcción del conocimiento. En este libro intentaremos relatar la existencia interferencial de las redes sociales mediante el proceso de enseñanza/aprendizaje. Así como: expresar el concepto de redes sociales, como abordarlas, cuantitativamente, y cuáles son los ambientes sociales afectados. El presente trabajo se justifica por la existencia de muchos materiales teóricos que exaltan la tecnología como elemento educativo, facilitando su estudio y análisis.

El proceso de la enseñanza está en constante evolución y cambio. El poder económico en diversos países subdesarrollados está en crecimiento, posibilitando el acceso a los diversos medios de vida del sujeto rico al pobre como, por ejemplo, un mayor acceso a las tecnologías. Debido a la gran competitividad en el mercado de trabajo, están siendo instituidas estrategias organizacionales obteniendo mayor lucro y menos esfuerzo. Para alcanzar ese objetivo, la educación en escuelas y universidades cumple un papel importante en la formación y preparación del sujeto como ciudadano y trabajador. Surge entonces, como medio de eficiencia educacional y laboral, la utilización de las tecnologías y de las redes sociales. (TUOMI, 2001; ROSSETTE et al., 2008).

Como parte de la revolución educacional, la escuela es considerada como una importante institución social en el proceso de ciudadanía y corrección de la estratificación social. Posee limitaciones, como la atribución de valores mensurados irracionalmente delante de su currículo y la imposición de enseñanzas a sus alumnos que no se corresponden a su interés cultural.

Cuando pensamos en un país mejor, en ciudadanos harmoniosos y honestos, en una sociedad más justa, en una casi utópica solución para el caos de la colectividad moderna, ponderamos la escuela como una de las herramientas que posibilitan una reorganización de lo aprendido. Delante de esta escuela nos preocupamos de las nociones básicas: saber leer, saber escribir y saber contar. Aunque solamente esta generalización fuera suficiente, profesores incapacitados y una gran falta de apoyo por parte de los Estados para cambiar lo que está ultrapasado, destruyen cualquier posibilidad de una Educación a través de la escuela. Delante de la falta de estrategias, surge entonces una forma diferente de abordar el tema: el enseñar a que guste aprender. Este aprender debe ser diferenciado, atractivo y natural para el alumno [...]. (PERFEITO, 2011a).

En pronóstico de las características citadas, la tecnología puede ser una herramienta en auxilio del que le gusta aprender. La gran mayoría de los alumnos, independiente de su poder adquisitivo, posee acceso a las redes sociales, vía ordenador o teléfono móvil. En tiempo real, pueden acceder a información enviada por los profesores u otros alumnos.
Esta facilidad es reflejo de lo contemporáneo. Actualmente nos encontramos con uno de los mayores crecimientos tecnológicos

del mundo. De seis en seis meses, un móvil que era visto como algo casi irreal se transforma en algo ultrapasado; las televisiones son cada vez más finas; el software y el hardware son a cada momento más poderosos. Por días, la tecnología evoluciona en el mundo trayéndonos un mejor estilo de vida, mayores informaciones y comodidad (PERFEITO, 2012).

Así, toda la tecnología existente puede facilitar la exposición de la información por el docente y entre los alumnos. No hay dudas de que las redes sociales, una forma de tecnología, empeñan un papel relevante en la sociedad actual. Como hemos dicho, con el avance y la disminución de los costes tecnológicos y de Internet, buena parte de la población, independiente de su estrato social, posee acceso a las redes.

Sin embargo, si la tecnología es utilizada de modo irrelevante desde el punto de vista social, puede causar diversos estragos simbólicos en sus usuarios o a aquellos que son alcanzados por su efecto devastador. Este proceso negativo es llamado cyberbullying.

Cyberbullying es un tipo especial de prejuicio que ocurre en la esfera virtual, sea por medio de Internet o cualquier elemento tecnológico con poder de esparcir informaciones despreciativas sin la necesidad de que el agresor se presente de modo físico o presencial (PERFEITO, 2012). Es un nuevo formato concebido a través de móviles, pagers, blogs y webs sociales donde los jóvenes vienen utilizando tales medios de comunicación para perpetuar conductas hostiles (PEÇANHA; DEVIDE, 2010).

Así, son formados discursos violentos mediados por el instrumento de comunicación, que varía de acuerdo con la época, buscando alcanzar nocivamente a una o más personas conectadas al círculo de informaciones. Por más que los medios tecnológicos permitan la propagación de la cultura, igualmente multiplican las acciones criminales (PINHEIRO, 2008). Por ese y otros motivos, el profesor debe estar atento a como están siendo utilizadas las herramientas pedagógicas por sus alumnos, para evitar sucesos perjudiciales. Por lo tanto, las redes sociales, tanto pueden ser un recurso positivo, como negativo en el ámbito educacional de un usuario.

Posibilitando estas dos visiones, el objetivo es relatar la existencia interferencial, favorable y desfavorable, de las redes sociales ante el proceso de enseñanza/aprendizaje, así como explicar el concepto de redes sociales, cómo abordarlas, cuantitativamente, y cuáles son los ambientes sociales afectados.

Las Redes Sociales

Las redes sociales son comunidades en formato de web que agrupan y organizan a personas con acceso a Internet por medio de intereses en común. Existen diversos grupos con características diferenciadas, que aglomeran internautas con deseos similares, como: profesiones, relaciones amorosas, prácticas deportivas, estudios. Generalmente, son usadas para compartir experiencias (ROSSETTE et al., 2008).

Se constituyen por un sistema de nodos. No existen fronteras o limitaciones y puede ser percibida como un soporte a los comportamientos físicos. Representa un conjunto de participantes, que unen sus ideas y recursos en torno a sus intereses (MARTELETO, 2001).

Son páginas de la Web que buscan proporcionar un ambiente virtual capaz de interaccionar y relacionar a dos o más personas divulgando informaciones personales y de trabajo, fotos y post en tiempo real (DIAS; COUTO, 2011). De entre muchas, las que más destacan actualmente son Facebook, seguido por Twitter y Orkut.

Después de darse de alta, el usuario es instigado a relatar sus vivencias y es como se presenta socialmente y físicamente, a través del rellenado de su perfil y la exposición de sus intereses: "quién soy yo", "que estoy pensando ahora", "que estoy haciendo ahora" "disfrutar", "compartir", entre otros. Así, las redes estimulan la revelación de datos que pueden atraer a otras personas con deseos semejantes.

Según una investigación realizada por la Escuela del Futuro - Núcleo de investigaciones de la USP, los usuarios de ordenadores están comunicándose más vía webs sociales que por e-mails, aún cuando el asunto es formal o de trabajo (SILVA, 2009). En porcentajes, 2/3 de los internautas, 1 billón de personas, poseen perfil en una de las redes sociales existentes (FANTÁSTICO, 2009).

Los adolescentes, el público que más utiliza las redes sociales, crean diferentes perfiles para los diversos asuntos. Poseen un perfil para empleos, otro para ligar, conversan con sus padres y amigos, etc. Este hecho ocurre porque en la propia vida real, los individuos se comportan de forma distinta en cada situación social (SILVA, 2009).

Delante de los datos conceptuales discutiremos en los próximos tópicos como las redes participan e interfieren en el proceso de la educación.

Las Redes Sociales y el Proceso de Enseñanza/Aprendizaje

Existen diversas influencias tecnológicas en la educación, optamos en escoger específicamente las redes sociales debido al enorme éxito de las mismas, relacionándose en las construcciones culturales del alumno y profesor.

Existe un tipo especial de intercambio entre la política, la tecnología y el conocimiento. No hay una homogenización, pero sí el proceso que une los eventos en determinados momentos y los hacen interferentes en la calidad del otro (ORLANDI, 2003). Posee aún, el discurso de que todo sistema social organizado, es comandado por ordenadores o conexiones en red, teniendo el sujeto que controlar únicamente el evento (DIAS; COUTO, 2011).

Sin embargo, antes del surgimiento de los ordenadores y de otras tecnologías, los acontecimientos en el trabajo y en la educación escolar ya se adivinaban. Son eventos decurrentes de episodios políticos e históricos y tecnológicos. Las redes sociales e Internet son sólo medios para divulgación del conocimiento (DIAS; COUTO, 2011).

Aunque la tecnología no sea necesaria para la construcción del saber, existe una constitución expresiva de cultura y simbolismo de vida. Además de mensajes en las redes sociales, son introducidos discursos con el objetivo de significar algo y a alguien. A través, y no solamente, de lo virtual son producidos sentidos de vida (PÊCHEUX, 2008). Podemos entonces pensar en la informática procesa educación debido a sus posibilidades en el aprendizaje y en la formación del conocimiento contemporáneo (DIAS; COUTO, 2011).

Los medios sociales son utilizados en abundancia para la circulación de datos y para la inclusión de otros. Para entender como el individuo crece y se moldea a través de su formación social, se hace necesario también, que el profesor entienda como el alumno se relaciona y se entiende en las redes sociales (ORLANDI, 2001).

Las escuelas y universidades necesitan de un proceso modificado de enseñanza. Es imprescindible la comprensión de que los alumnos se comunican entre sí y con los profesores, formando un contexto de discursos y comportamientos. Una de las formas de fortalecer ese lazo es a través de las redes sociales. Por medio de estas, los alumnos poseen acceso a reportajes, artículos y fotos subidos en otras webs y compartidos por ellos mismos u otros. Así, en un aula, los alumnos pueden contestar informaciones ya vistas antes o sugerir la discusión de una materia publicada en tiempo real y divulgada en la red (GUERE, 2011).

Por un lado, observamos instituciones de enseñanza pautadas en las reglas y disciplina, didáctica sistematizada del conocimiento, materiales constituidos en la idea tradicional de educar. En el otro sentido, tenemos las redes sociales desestabilizando un único detentor del conocimiento representado en la escuela por el profesor y la construcción del saber y de la cultura por la masificación informal de los datos (PÊCHEUX, 2008). Así, las redes sociales, crean conocimientos de manera adversa a las concepciones de educación de la escuela clásica.

Por medio de la conexión entre los alumnos, los mismos se hacen constructores y organizadores del conocimiento. En Facebook, a través de compartir información; en Orkut, a través de comunidades y de características semejantes al anterior; en Twitter, "retwittando" o compartiendo links o textos (DÍAS; COUTO, 2011). Ocurre una formación y multiplicación de conocimientos que se desplazan en tiempo real.

Aunque las redes envían informaciones complejas, en su esencia, su uso es fácil y favorece el intercambio de experiencias entre las comunidades del mismo o de distintos intereses, creando conocimientos relevantes (HUSTAD, 2004).

Las innovaciones tecnológicas facilitan la organización de datos, maximizando y gestionando el conocimiento. Tal sistematización posibilita separar y catalogar objetivos, intereses, tipos de información, entre otros, auxiliando la búsqueda por nuevos saberes para cada segmento de la sociedad (BOEKHOUDT & VAN DÉ SAPPEN, 2004). Por lo tanto, las redes pueden ser consideradas una óptima herramienta para que los docentes puedan cualificar su conducta profesional, además del cambio informativo, facilitando la formación y explicación de diferentes culturas.

FACTORES NEGATIVOS PROVOCADOS POR LAS REDES SOCIALES

No hay dudas que, bien utilizada, la tecnología a través de las redes sociales puede proporcionar factores positivos tanto en la enseñanza, como para el campo social en general.

Percibiendo eso, el Hombre, a partir de entonces, pasa a comunicarse de manera revolucionaria. La alta velocidad e infinitas posibilidades de exteriorizar sus conocimientos, pensamientos, lo que está sintiendo o planeando. Además de la autocultura, es posible diseminar informaciones procedentes de otras personas en tiempo real. Proyecta representaciones simbólicas tanto de la vida virtual como de la real (SILVA et al., 2011).

Sin embargo, la facilidad de emitir datos sin ningún tipo restricción permite que los usuarios promuevan informaciones positivas pero también negativas. A pesar de ser un problema antiguo, la violación moral, como amenazas físicas y psicológicas, aún continúan ocurriendo. La violencia virtual transciende hasta las barreras nacionales, mostrando a todos los que poseen acceso Internet información que denigra a otro. Es deber del Estado entonces intervenir cuando un sujeto tiene sus derechos vulnerados en el ambiente virtual, sea cuál sea (Ibid.).

De entre diversas imágenes de autoestima, cumplimientos de buen día, buena tarde y buena noche, hay también, discursos de odio, que pueden manifestar indignación por la información o actitud de otro y discriminación en el modo como un participante de determinado grupo comparte noticias. La identificación del discurso de odio es hecha por la caracterización de palabras o actitudes que buscan intimidar, asediar, insultar, realizar alusiones negativas a las diferentes razas, géneros, culturas y religión, entre otros. Puede provocar y estimular aún más aversión y discriminación a otras personas (WALDRON, 2010).

Los crecientes actos de prejuicio realizados tanto fuera como dentro del ambiente virtual poseen relación directa con los medios de comunicación masiva. Debido a sus estrategias de marketing, clasifica y crea estereotipos y nivela comportamientos, moldeando la costumbre de ser y actuar de personas sensibles a esas informaciones corruptoras. En aumento, con propagandas divulgadas oral y/o visualmente por personas bonitas o famosas, utilizan fragilidades de origen emocional para evitar cualquier conocimiento o contraposición de ideales. Así, sin que existan contra partidas, la discriminación y la violencia son estimuladas y aumentadas (BROWN, 1971).

Así como en el bullying tradicional (PERFEITO, 2011b), la violencia por medio de lo virtual posee básicamente tres agentes: el agresor, el agredido y el que asiste a todo. El espectador no necesariamente visualizará la ofensa en tiempo real, pudiendo ocurrir horas o días después de la publicación de la información. Otro factor que debemos tener en mente para analizar ese tipo de acción social es la de que las fotos, juramentos u otras ofensas pueden ser enviados a centenares de personas a la vez, con sólo un clic. Cuando somos agredidos en la calle o en la escuela, podemos huir de tales lugares. Ya habiendo sido la calumnia esparcida por el medio virtual no queda claro cuáles son los ambientes que debemos evitar, trayendo así, la sensación de que estamos desprotegidos en todos los lugares, físicos o no (PERFEITO, 2012).

En términos finales, existen básicamente tres motivos que llevan el cyberbullying a ser más cruel que el bullying tradicional: el prejuicio tradicional sólo ocurre cuando el agredido y el agresor están presentes en el mismo momento social. En el virtual puede ser almacenado y expuesto sin la presencia de ambos y por tiempo ilimitado. El segundo motivo se refiere a la exposición de su vida. Principalmente los jóvenes, por no percibir la magnitud de esta agresión, utilizan cada vez más la tecnología para exponer de forma negativa la vida personal de otras personas, empleando muchas veces, el ordenador y el teléfono móvil. El tercer motivo trata de la sensación de impotencia debido a la dificultad de descubrir y cohibir las acciones del estigmatizador y su identidad real (SANTOMAURO, 2010).

Es de suma importancia la reflexión sobre la potencialización del bullying y cyberbullying en la escuela por medio de los ambientes virtuales y de las redes de ordenadores. Cuando el profesor percibe cómo relacionar estas cuestiones con las estructuras psíquicas de los sujetos envueltos, es posible prevenir episodios drásticos que repercutirán negativamente de por vida en los alumnos. Son precisas resignificaciones de los papeles y la reconstrucción del concepto de convivencia diaria, que debido a la globalización y al crecimiento tecnológico, no son ya cerrados e inertes (AZEVEDO et al., 2012).

De esa forma, los docentes pueden atribuir aspectos positivos la tecnología. Con todo, necesitan preocuparse de los factores negativos que también pueden ser provocados, perjudicando el proceso de enseñanza/aprendizaje.

En definitiva, la tecnología se convierte en una pieza fundamental en el auxilio educacional de niños y jóvenes. Utilizar herramientas antiguas desestimula y va en contra de la calidad y la evolución del proceso enseñanza/aprendizaje.

Las Redes Sociales en la Ciencia y la Tecnología

Las redes sociales digitales son el principal medio de comunicación de la actualidad. La cantidad de recursos e interacciones que pueden ser hechas por el usuario con el sistema, o con otros usuarios son elementos importantes para la participación en esas redes.

El desarrollo de las grandes ideas siempre estuvo vinculado a la capacidad de comunicación y validación de estas a lo largo del tiempo. Sin embargo, el desarrollo de las comunidades humanas subdesarrolladas en la contemporaneidad no siempre se relacionan con la temática del desarrollo técnico-científico con objetivo de solucionar los problemas para el aumento de la calidad de vida, tales soluciones surgen como transbordamientos de otras soluciones del mundo económico-industrial y militar, como buena parte de los equipamientos con alto grado tecnológico. La existencia de un interés primordial en asuntos relacionados con la vida cotidiana conectada principalmente a los intereses personales a corto plazo retira el foco de la responsabilidad en la creación de soluciones necesarias para perfeccionar el desarrollo humano y social.

En este entorno de conexión que componen la interdisciplinaridad entre las ciencias sociales y la Tecnología de la Información y Comunicación se verifica la importancia de la socialización de los individuos y de las ideas para la construcción conjunta y participativa de soluciones para los problemas de la vida cotidiana, se entiende la necesidad de la proposición de un modelo de red social virtual académica que tenga como objetivo el desarrollo técnico-científico.

El principio de la investigación, con cuño sociológico, está en la percepción del atrito natural existente entre los individuos en una sociedad o grupo social. Por lo tanto, comprender los elementos de la sociología en relación con la ciencia se hace de extrema importancia en la búsqueda de una explicación de los elementos que motivan la agrupación social. O sea, la explicación consiste en la compresión de como un elemento de interés individual se transforma en uno de interés colectivo y agrega otros individuos a la construcción de una red común de acciones e intereses.

En este sentido, algunos que elementos pueden ser seleccionados con el objetivo de elucidar el tema estudiado, son estos: la comprensión de individuo, la relación entre individuo y sociedad, la comunicación social, la interacción social. Tales elementos, desde el punto vista teórico, subsidian la comprensión sobre la creación de las redes sociales. No menos importantes, conceptos como acción colectiva, interés, pay-off y algunas nociones sobre teoría de la elección racional, también se hacen necesarias para una comprensión más amplia sobre las relaciones y los movimientos de agrupación para la constitución de un tipo de red, más sólida o más fluida.

La agrupación humana y social es un elemento verificado en la historia de la humanidad. Este elemento entra en consonancia con la vida cotidiana cuando existe la necesidad de solucionar problemas comunes en los cuales el coste de la operacionalización se hace demasiado elevado para un sólo sujeto. Un ejemplo práctico está en el desarrollo de las sociedades y en la división de tareas como medio encontrado para producir beneficios colectivos como alimento, protección comunitaria, educación, entre otros. El problema se encuentra en la capacidad de promover los incentivos necesarios – cuando estos no son naturales –, para la implicación en las acciones y objetivos de los grupos o redes sociales.

En este sentido es necesario analizar los costes y beneficios de la construcción de redes sociales virtuales para el desarrollo científico.

El análisis debe dirigirse hacia dos frentes: el primero relativo a la percepción del sujeto sobre: el concepto y la utilidad de las redes sociales como mecanismo para el desarrollo individual y social; el segundo, con característica cuantitativa, trata sobre un recorte trazado sobre las principales redes sociales virtuales de otra naturaleza y el tiempo de utilización en ellas.

Lectura Sociológica de la Socialización

El pensamiento sociológico se caracteriza por el estudio de las relaciones sociales. En este sentido, subsidia la comprensión de las redes sociales como sistemas de relaciones. Se entiende la red social como un sistema pues cada unidad o miembro de la red puede influenciar sobre los otros miembros u otras unidades de la red. Así, sus acciones no son aisladas, sino que causan impactos sobre los demás.

Es posible comprender que la más pequeña unidad posible de una red es el individuo, pero no en su carácter de unidad y sí en las relaciones propiciadas por ellos con otros individuos. La idea del individuo aislado es casi imperceptible, o incluso ideal en una escala global en la cual los medios de comunicación están masificados, sin embargo para fines conceptuales y de comprensión se debe tener claro el concepto de individuo aislado.

El individuo aislado de George Simmel (1976) es sólo uno de los elementos necesarios para comprender el contexto de la red social. Esta tipología de individuos se caracteriza por el alejamiento de las relaciones sociales. Eso no se formaliza necesariamente por la no existencia de sociedad, sino por una posición vivenciada a partir de la estructura psicológica del individuo. Simmel (1976) dice que "el aislamiento adquiere su sentido unívoco y positivo en la medida en que es considerado como un efecto de la distancia social".

La idea de individuo aislado es utilizada para comprender la no participación de uno de los miembros del grupo sobre aquel subsistema social (la red). En este sentido, por el concepto de aislamiento, el individuo debería estar distante de las actividades de la red, pues el sentido de alejamiento de los miembros del grupo y de las relaciones sociales por ellos proporcionadas, aún cuando consciente o inconscientemente hace frágil la relación.

Así, según Simmel "aislamiento, por lo tanto, es la relación que, centrada en un individuo, existe entre él y un cierto grupo o vida de grupo general [...] puede ser también una interrupción, o una diferenciación periódica en una relación dada entre dos o más personas" (SIMMEL, 1976, p. 130).

El segundo concepto a partir de la sociología de Simmel es el concepto de libertad. Se entiende por libertad las relaciones del individuo con su propio medio social, no estando necesariamente conectado a contenidos no-sociales, más el propio sentido de la libertad está centrado en una relación específica por delante del propio ambiente.

La comprensión del concepto de libertad se constituye en el elemento inicial de la construcción de una red social, principalmente cuando el sentido fundador de la red se estructura en el formato top-down (una organización para un individuo), o sea, cuando la red es inducida por la necesidad de un nodo central, y este invita o induce a la participación de los miembros para fortalecer las demás relaciones existentes, manteniéndolos activos y operantes.

La relación a la que se refiere Simmel es la pareja. Este concepto presupone que haya la interacción sociológica simple que considere la interacción de dos elementos. Estos elementos pueden ser comprendidos como organizaciones, instituciones de núcleos familiares, o mismo individuos. Es importante resaltar de este elemento analítico la incapacidad de inexistencia, en otras soluciones posibles habría un sentido de libertad y otro de aislamiento para elucidar el presente trabajo. Sin embargo la comprensión de relaciones a partir de parejas permite comprender de manera compleja y tal vez perfectamente inalcanzable, los modelos de redes sociales.

A partir de estas interpretaciones de Simmel es posible trazar un perfil para comprender los modelos de red. Es verificable que cuanto más permite el modelo, habrá capacidad para verificar la complejidad de las relaciones existentes, por ejemplo como propone Mark S. Mizruchi (2006) en sus figuras que proyectan modelos de redes sociales.

Figura 1

Figura 2

  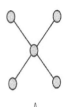 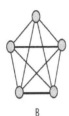

A   B   A   B

La Figura 1 amplía el pensamiento de Simmel insertando una relación de tres, en la cual el proyecto A permite visualizar un modelo de relación simétrico y en el proyecto B un modelo jerárquico. El modelo jerárquico permite al individuo que centraliza información ampliar sus ganancias sobre cualquier información o acción de los demás individuos, visto que el flujo de la relación se reproduce a partir de su posición delante de los demás. El proyecto A, por otro lado hace el flujo de información/acción simétrico, haciendo a los dos individuos capaces de ampliar sus ganancias sobre determinada información sin necesariamente la participación del tercero.

Por otro lado, la Figura 2 presenta la diferencia entre estructuras jerárquicas y no jerárquicas. El elemento importante en el proyecto A de la Figura 2 está en la centralidad del individuo que actúa como enrutador de informaciones entre los demás puntos de la red. El proyecto B de la Figura 2, presenta una red compleja, con diversos nodos, pero con mayor transparencia en las relaciones entre los participantes de la red.

A partir de las dos figuras y de los proyectos en ellas contenidos es posible analizar y desarrollar varios modelos de redes o incluso verificar sub-redes que incluyan tales modelos en una arquitectura mayor.

Los elementos importantes deben ser retratados antes del desarrollo de un modelo más elaborado de una red social digital en ciencia y tecnología. Además de la comprensión de los conceptos de individuo, libertad y aislamiento – en niveles teóricos -, se puede pensar en elementos prácticos como la racionalidad del sujeto (o su percepción de ganancias) y el dilema de acción colectiva, forjando un ambiente de interacción estratégica.

ESTRATEGIA PARA LA CONSTRUCCIÓN DE UNA RED SOCIAL TOP-DOWN

El primer elemento es relativo al porque de la participación. La génesis de una red puede atender a una necesidad del grupo o a una necesidad de existencia. La primera está relacionada con un proceso positivo de acción colectiva, en el cual los individuos entienden la necesidad de una arquitectura que posibilite una mejor ejecución de acciones o una mejora en el tráfico de informaciones, a este modelo podemos llamarlo de down-top cuando la creación de la red es creada a partir de las necesidades de los individuos y su relación se hace compleja a partir de estos. Sin embargo, una segunda posibilidad de forjar una red está relacionada principalmente en su desarrollo dentro de organizaciones. La red en este caso es creada en sentido top-down, en el cual la organización centraliza los procesos y crea incentivos de participación para sus asociados o miembros.

En este sentido el cuestionamiento sobre el tema de la participación está directamente relacionado con los elementos que impregnan la teoría de la elección racional y el dilema de la acción colectiva, y se pauta en saber cuál es el instrumento que genera el incentivo necesario para inducción de individuos en una red elaborada por una organización. Esta pregunta es el artificio para resolver el problema de la participación. Por tanto, es necesario enumerar algunos elementos importantes de estas líneas de pensamiento sociológico supra citadas.

La teoría de la elección racional, cuando se trata del pensamiento del individuo sobre sus intereses y la maximización de sus ganancias, es el método que mejor explica la racionalidad estratégica de estos, guardando sus debidas proporciones. Este pensamiento consiste en comprender las acciones del individuo a partir de los cálculos y estrategias trazados por él para alcanzar la mayor ganancia posible.

En el pensamiento aquí sistematizado la teoría de la elección racional permite la comprensión de las motivaciones de los individuos sobre las redes sociales digitales de otras naturalezas en las que ellos participan, haciendo posible reflejar elementos que motiven a estos individuos a participar en una red social digital orientada a la ciencia y a la tecnología.

Un segundo elemento limitador de la participación es conocido como el dilema de acción colectiva. Este fenómeno es el resultado generado por el coste de participación. El dilema debe ser resuelto a partir del entendimiento del grupo, que debe entender que el coste de participación es más pequeño al actuarse en conjunto, y mayor si actúan individualmente. Junto con la percepción de los costes y ganancias, traídos por la teoría de la elección racional, es verificable la importancia del elemento de interés siendo fundamental para reducir el coste de participación y aumentar el interés sobre la participación en la red social de ciencia y tecnología.

El ambiente desarrollado por esta primera relación, comprendida entre organización e individuos para la creación de la red debe ser entendido como una relación estratégica. Los incentivos deben ser generados a partir de la percepción de los sujetos de que la red puede generar ganancias positivas para todos los participantes.

La creación de una red social debe ser planeada a partir de algunos elementos importantes. Se debe prestar atención especial a la necesidad humana de relacionarse, y que cada sociedad tiene sus hábitos culturales para expresar que elementos deben ser abordados.

Sin embargo, además de la necesidad humana de relacionarse, existen redes sociales como Linkedin que entran en la sociedad humana con una perspectiva estratégica. Linkedin presenta una arquitectura de relación social objetiva, relacionada fundamentalmente en las relaciones corporativas.

Por otro lado, Facebook intenta simular relaciones humanas entre afectivas y profesionales, un poco de todos los tipos de relaciones están presentes en esta red.

La creación de una red para las relaciones académicas debe presentar un grado de planificación compleja. Los principales elementos que deben aparecer en su proyecto están relacionados con la arquitectura (estructura jerárquica de acción de los individuos) y a los incentivos en la participación. Este segundo se puede potenciar por la elección adecuada del dispositivo a ser utilizado como una aplicación para smartphone o tablet, sin olvidarnos del PC.

El proyecto de red social académica propuesto aquí deberá presentar una estructura top-down, en la cual haya un órgano centralizador de informaciones que actuará como enrutador de las relaciones y que dará la estructura de la red y la configuración de las relaciones entre los miembros.

Además, las redes deberán presentar características como Facebook y Twitter, que están entre las redes más utilizadas, con el objetivo de agregar el mayor número de miembros. Algunas de estas características son la posibilidad de creación de grupos, interactividades, permitir aplicaciones internas a la red, entre otras. Se debe prestar atención a que el objetivo de una red académica es la interacción en los temas de investigación y desarrollo.

Un último elemento que no puede faltar está relacionado con la integración del mayor número de miembros, así, diseños y aplicaciones que permitan la accesibilidad son fundamentales para alcanzar un público especial. Este es un requisito no-funcional presente en la mentalidad de varios equipos de desarrollo que están pensando más allá del mercado.

Por último, un equipo de gestores debe estar atento a los movimientos de los miembros.

LAS REDES SOCIALES EN LA PUBLICIDAD

LAS REDES SOCIALES COMO HERRAMIENTAS PARA PUBLICIDAD DIGITAL

Actualmente, es posible percibir el gran crecimiento de usuarios de redes sociales en una escala global. Para las empresas, las redes sociales pasaron a ser mucho más que webs sociales, convirtiéndose en fuertes herramientas de marketing y estudio de mercado. Webs como Facebook, Orkut y Twitter están siendo usadas para divulgar productos a través de publicidad digital.

Actualmente, las redes sociales no son utilizadas únicamente para la comunicación y reparto de información con otros usuarios. Las redes sociales pasaron a ser utilizadas por las empresas como una herramienta de divulgación de sus productos y/o marcas. Este hecho ocurrió debido al gran número de usuarios en ellas presentes y a la manera en como estos usuarios comparten información unos con otros.

Consecuentemente, se puede considerar las redes sociales bajo una nueva perspectiva: la de una poderosa herramienta de divulgación, la cual está siendo utilizada por grandes marcas para divulgar su publicidad digital.

DIVULGACIÓN EN LAS REDES SOCIALES

Divulgación en Facebook

Facebook presenta tres maneras principales para la divulgación de información, siendo estas:

- Post: representa un mensaje (post) de texto-gráfico el cual el usuario puede compartir con otros usuarios pertenecientes a su lista de amigos (friendlist). Los posts de los usuarios quedan almacenados en su página perfil (profile), al cual los otros usuarios tiene acceso (Utilizando las configuraciones por defecto de Facebook (2012)).

- Like: el usuario, al activar la opción Like de un objeto (post, perfil de marca, aplicación, etc.), pasa a exhibir y almacenar el objeto referido en su página perfil. De esta forma, Like funciona como un propagador de información.

- Compartir: compartir es similar al post, con la diferencia de poderse escoger específicamente los amigos que recibirán la información.

Divulgación en Twitter

Twitter presenta dos formas principales de divulgación de información, siendo estas:

- Tweet: representa un mensaje de texto-gráfico el cual un usuario puede compartir con otros usuarios pertenecientes su lista de amigos (followerslist). El tweet de los usuarios queda almacenado en sus páginas de perfil (profile), al cual todos tienen acceso (utilizando la configuración por defecto de Twitter(2012)).

- Retweet: representa compartir un tweet.

Las grandes marcas utilizan las redes sociales para interaccionar con millones de usuarios diariamente. Esas marcas presentan miles de interacciones cotidianas, significando que, diariamente, se realizan comentarios y se reparte información acerca de ellas por parte de los usuarios de redes sociales como Facebook y Twitter.

Por la forma de compartir información en las redes, se pueden separar dos fenómenos que ocurren durante el proceso de divulgación en las redes sociales. El primero, denominado Amplitud Inicial, se refiere al número de usuarios de la red social que recibirán informaciones directamente de la fuente emisora, en el caso, el perfil de una marca/producto. El segundo, denominado Difusión de la Información, corresponde a la propagación de la información a los demás niveles de la red.

Para que el proceso de divulgación del marketing digital sea hecho de forma satisfactoria y eficaz, se debe considerar estos dos fenómenos. De esa forma, el número de fans que un perfil posee influye directamente en la divulgación, así como factores que lleven a un usuario a propagar (compartir) un anuncio con sus amigos de la red, pudiendo estos factores estar relacionados con la actividad del perfil, calidad de los anuncios, etc.

Sin embargo, se debe siempre observar las tendencias y los cambios en las redes sociales. La aparición de nuevas redes sociales que suponen el abandono de las existentes hasta la fecha o los cambios realizados en las mismas que pueden modificar el comportamiento de sus usuarios pueden afectar las estrategias de marketing puestas en marcha a través de este sistema.

Las Redes Sociales como Herramientas de Divulgación de Eventos

A día de hoy, se percibe el gran crecimiento de usuarios de redes sociales a escala global. Para las empresas, las redes sociales pasaron a ser mucho más que webs de relaciones, se hicieron fuertes herramientas de marketing y estudios de mercado. De esta forma, webs como Facebook, Orkut y Twitter están siendo usados por las empresas como un medio de divulgación de sus productos. De esta forma las redes sociales pueden ser usadas como una herramienta de divulgación de productos o servicios en el medio digital.

Con el nuevo paradigma de relaciones interpersonales globales, se percibe que cada vez más las redes sociales influyen en sus usuarios, creando nuevas tendencias, hábitos y comportamientos.

Las Redes Sociales

Las redes sociales representan una de las formas de comunicación e integración más utilizadas actualmente. Sin embargo, ellas son mucho más que un servicio o una web.
Para Wasserman y Faust (1994, apud DEGENE y FORSÉ, 1999), una red social es definida como un conjunto de dos elementos: actores (definidos como personas, instituciones, grupos o miembros de una red de ordenadores) y sus conexiones (definidas como interacciones o lazos sociales entre personas), de forma que los actores crean conexiones con otros actores, formando así una gran red de interconexiones.

Analizando la definición propuesta por Wasserman y Faust, se percibe que las redes sociales tienen como objetivo conectar diversos grupos sociales, propiciando interacción y creando relaciones entre ellos.

Para RECUERO, una red social es definida como: [...] aquellos que comprenden la categoría de los sistemas orientados a exponer y publicar las redes sociales de los actores. Son webs cuyo objetivo principal está en la exposición pública de las redes conectadas a los actores, o sea, cuya finalidad está relacionada a la publicación de esas redes (2009, p.104).

Según Recuero (2009, p. 23), el estudio de las redes sociales en Internet centra el problema de como las estructuras sociales surgen, de que tipo son, como son compuestas y como las interacciones son capaces de generar flujo de informaciones. De esta forma, al analizar la definición propuesta por Recuero, se llega al consenso de que las redes sociales son mucho más que servicios, siendo estos grandes sistemas de comunicación e integración social, que tienen como objetivo conectar y sostener las relaciones entre actores.

Una red social, por otro lado, es vista por Tomáel y Martelato como [...] un conjunto de personas (u organizaciones u otras entidades sociales) conectadas por relaciones sociales, motivadas por la amistad y por relaciones de trabajo o reparto de informaciones y, por medio de esas conexiones, van construyendo y reconstruyendo la estructura social (2006, p. 75).

Al analizar la concepción que Tomáel y Martelato tienen en relación a las redes sociales, se concluye que estas son movidas por sus usuarios así como las relaciones que mantienen con otros usuarios.

Siendo así, al concebir la idea de una red social, no se debe pensar solamente en un ejemplo específico, como Facebook u Orkut, o en alguna característica o servicio, y sí en un sistema que tiene su foco dirigido a proveer a sus usuarios de un ambiente de interacción y relacionamiento social. Este sistema es impulsado por esos usuarios y crece proporcionalmente a la cantidad de relaciones entre ellos.

EL MARKETING DIGITAL

El marketing digital tiene como base los principios del marketing tradicional para sostener sus relaciones de cambio. De esta forma, se tiene por objetivos la identificación de las necesidades y deseos del cliente, el desarrollo de productos y la generación de demanda.

Conforme la definición de Torres (2010), el marketing en los medios sociales es el conjunto de acciones de marketing digital que tienen por objetivo crear relaciones entre la empresa y el consumidor para atraer su atención y conquistar el consumidor online.

Siendo así, el marketing en los medios sociales tiene básicamente un único objetivo: la relación con los clientes a través de Internet. Sin embargo, Andreas Weigend, ex-científico-jefe de Amazon y especialista en comportamiento del consumidor online, afirma en una entrevista a la revista HSM Management:

[...] Dell vendió cerca de US$ 1 millón en equipamientos de informática a partir de promociones especiales anunciadas en Twitter. O sea, las empresas están experimentando y el cambio es mucho más profundo del que la gente ve. Ahora todo el mundo se hizo "vendedor". Si adoro un producto, voy a hablar de él a todos mis amigos, voy a hacer un tweet sobre él. El proceso de toma de decisión está altamente influenciado por lo que otras personas comentan. (Weigend, 2009, p.45).

Siguiendo esa idea, las redes sociales pueden ser consideradas el "boca-a-boca" virtual, convirtiéndose, así, en una gran herramienta de divulgación. De ese modo, se puede afirmar que actualmente las personas no buscan la información sino que la información encuentra a las personas.

EVENTOS SOCIALES

El origen de la palabra eventos viene del término eventual, lo mismo que casual, un acontecimiento que huye de la rutina y siempre es programado para reunir un grupo de personas (CAMPOS, WYSE & ARAÚJO, 2002).

Gracias a las conexiones y a la propagación de datos la información a cerca de un evento llega a millones de participantes, generándose un considerable número de puestos de trabajo, tanto directos como indirectos relacionados con ellos. Así, los eventos pasan a ser algo más que simples reuniones de grupos, haciéndose un gran mercado con una alta rentabilidad.

El mercado generado por los eventos comprende diversas áreas de la economía. Para Britto y Fontes (2002, p.19), El evento es mucho más que la planificación, la programación, la ejecución y el monitoramiento de una secuencia de actividades destinadas a un público específico y realizadas en un local apropiado. El evento debe ser pensado como una actividad económica y social que genera una serie de beneficios para los emprendedores, para la ciudad fiscal, para el comercio local, restaurantes, hoteles y para la comunidad.

REFERENCIA BIBLIOGRÁFICA

Para la realización de este libro se han leído, traducido e interpretado información de las siguientes fuentes de información.

As influências das redes sociais de relacionamento no processo de ensino e aprendizagem, de Rodrigo Silva Perfeito.

As redes sociais como ferramentas de divulgaçao de eventos, de Danilo Pessoa Cardoso y María Márcia Matos Pinto.

A influência das redes sociais na rotina dos seres humanos, de Vinicius Kenji Shimazaki y Maria Márcia Matos Pinto.

As redes sociais como ferramentas para publicidade digital, de Danilo P. Cardoso y Maria Márcia Matos Pinto.

Análise interdisciplinar sobre Redes Sociais e Direitos Humanos: elementos para contínuo debate , de Vitória Régia Izaú y Luiz Lana.

Desenvolvimento de redes sociais digitais em ciência e tecnologia: uma abordagem sociológica , de Messias Rafael Batista y Jonathan Rosa Moreira.

Redes Sociais na Internet: contextualização, mercado e desenvolvimento, de Tatiana Krzyk y Rafael Kunst.

As redes sociais como instrumento estratégicopara a inteligência competitive, de Adriana Rosecler Alcará, Elaine Cristina Liviero Tanzawa, Ivone Guerreiro Di Chiara, Maria Inês Tomaél, Plínio

Pinto de Mendonça Uchoa Junior, Valéria Cristina Hecklers, Jorge Luis Rodrigues y Sulamita da Silva Valente.

Los artículos consultados se pueden ver en fatecsaocaetano.edu.br.

La imagen de la portada se ha obtenido de la página web vectorfresh.com.

Acerca del Autor

Alicia Durango

Con 3 años de experiencia en el mundo de formación, Alicia empieza a escribir libros y a crear cursos online de informática para sus alumnos. Con una amplia experiencia laboral, Alicia Durango es una profesional con formación en Desarrollo de Aplicaciones Informáticas y Administración de Sistemas Informáticos, con más de 8 años de experiencia en el mundo de la informática, con amplia experiencia en los sectores de formación, publicidad y desarrollo web, llevando a cabo tareas de gestión, diseño gráfico, programación web y Directora de publicidad.